JN208822

日本の中の
ドイツを訪ねて

真江村晃人・真江村まき

三恵社

はじめに

日本は驚くほどドイツあるいはドイツ語圏と深い繋がりがあります。ほとんどの日本の子どもが、幼少期にグリム童話に親しんでいますし、日本人の多くが、ドイツ縁(ゆかり)のハンバーグやソーセージを食し、多くの成人がドイツ系ビールを愛飲しています。

また、カントやマルクスは、日本の哲学、思想界に大きな影響を与えましたし、医学界では、レントゲン、アレルギー、ガーゼ、コラーゲン、ノイローゼ、ヒステリー、ベッド、ホルモン、ワクチンなど、数多くのドイツ語を借用しています。他にも工学、文学、法学、音楽等ドイツ文化は日本の様々な分野に深く浸透しています。

わが家では、晃人が、ドイツ人フレーベルが開発した恩物保育の導入史に興味を抱いており、まきが、クライストおよびドイツ・ロマン派の文学に関心を持っているということから、一家で暇なとき日本各地にある「ドイツ」を探索してみようか、ということになりました。

しかし、本書は、詳細で精緻なデータを満載した難しい本ではなく、諸事例を通して、日独交流の全体像をできるだけわかりやすく書くことを心がけていますので、ご関心の持てる項目だけでも、気楽にお目をお通しくだされば、著者としては、この上なくうれしく存じます。

2017年2月吉日

真江村晃人・真江村まき

日本の中のドイツを訪ねて―目　次

◇1 サッポロビール博物館・札幌市

わが国におけるビール作りは、1870年（明治3）、横浜で「居留地ビール」として製造されたことを起源としています。ビールは、その後、各地で製造されるようになりましたが、北海道の「開拓使麦酒醸造所（サッポロビールの前身）」も最初期のビール製造所の一つです。札幌には、有名な「サッポロビール園」がありますが、ここには「サッポロビール博物館」もあります。

左側サッポロビール博物館・右側サッポロビール園の一部
（旧札幌製糖－旧製麦所） 2016. 8. 18

博物館の資料等によりますと、この醸造所は、幕末の薩摩藩英国留学生15人の一人村橋久成（変名＝橋直輔）を建設・事業の責任者とし、また、ビール製造の本場「ドイツ」で修業した、日本人初のブラウマイスター中川清兵衛を技術者として、1876年（明治9）、開業し、翌年、冷製「札幌ビール」を発売しています。大森貝塚の発見者エドワード・S・モースは、著書『日本その日その日』（石川欣一訳・講談社学術文庫）の中で、1878年（明治11）夏、訪れた札幌に「ラーガア麦酒（ビール）［貯蔵用ビール］の醸造場が一つ」あって「瓶（びん）にはいった麦酒一打（ビールいちダース）を贈られた」と書いています。

開拓使が、北海道にビール製造所を作ったのは、ホップが自生し、ビール原料の大麦の栽培に適した大地があり、当時のビール製造に必要な氷を入手しやすいということがあったようです。

同館の資料によりますと、「開拓使麦酒醸造所」は、1886年（明治19）、大倉商会に払い下げられ、翌年、浅野総一郎・渋沢栄一らが買い取って、「札幌麦酒会社」を設立しています。

人物事典等を参照しますと、責任者の村橋は、鹿児島の加治木島津家の分家の出ですが、開拓使の騒動に嫌気がさして、突然、醸造所を辞め、家族を捨てて放浪し、神戸で行旅死亡人となっています。

技術者の中川は、越後国与板（よいた）藩の御用商人の分家に生まれ、本家の家業を継ぐ予定でしたが、17歳の時、家を出て、横浜のドイツ商会に勤め、幕末に密航し、青木周蔵の勧めによりドイツでビール醸造法を学びました。中川も、1891年（明治24）には、追われるようにして会社を辞め、小樽で旅館を開いて成功しますが、利尻島開発支援で膨大な借金を抱え、経済的に破綻し、失意の中、横浜で亡くなっています。本人の希望で末期の水としてサッポロビールが使われたそうです。

最近、長岡の与板では、中川の功績を記念して、夏場、「中川清兵衛ビールフェスタ（ビール園・予約制 120 名）」を開いています。

ところで、現在、「サッポロビール博物館」・「サッポロビール園」となっている赤レンガ館は、元々は、1890 年（明治 23）、テンサイ糖製造の札幌製糖（株）工場として建てられたものです。設計には北海道庁建築課があたっていますが、基本設計は「ドイツのハウゼン社」が引き受けています。この建物も「ドイツ」が絡んでいるわけです。ただし、レンガは全てイギリス製で、レンガの積み方もイギリス方式です。その後、製糖工場は閉鎖され、1905 年（明治 38）、札幌麦酒の製麦所（せいばくじょ）(大麦から麦芽（ばくが）を製造する工場) に改修され、1963 年 (昭和 38) まで製麦工場として使われています。

1967 年（昭和 42）、この赤レンガ館の 3 階部分に「開拓使麦酒記念館」が開設され、1982 年（昭和 57）、「サッポロビール博物館」として正式に開館しています。(晃人・まき)

○「サッポロビール博物館」

・札幌市東区北 7 条東 9 丁目 2 - 10
・☎0120 - 150 - 550
・アクセス（例）札幌駅北・南口からバス便もあります。タクシーでも約 2 キロ、約 5 分、約 1000 円です（1916 年夏現在）。
・営業　12 月 31 日以外無休　スターホールの有料試飲は最大 30 分間
※毎週月曜日は試飲はなし（祝日の場合は翌日）。見学は可
・入館料　無料　ただし、プレミアムツアーは有料 500 円で「復刻札幌麦酒」と「黒ラベル」の試飲ができます。
・営業時間　11 : 30 - 22 : 00（L. O. は 19:30）

◇2 サッポロビール園・札幌市

「サッポロビール園」は、1966年（昭和41）に発足しています。ビールも、サッポロ、アサヒ、キリン、サントリー、オリオンの他に各地の地ビールなど色々ありますが、わが家は、政治もビールも無党派、つまり「支持政党なし」ですから、どんな銘柄でも節操なく喜んで飲んでいます。しかし、後の項22で触れる、かずの父、晃人の義父、まきの祖父、故・黒田千吉などは、サッポロライオンに勤務していましたので、サッポロビール以外は決して口にしませんでした。義父存命中、わが家も、もっとサッポロビールを飲まなければ「親不孝になるかな」と思うことはありました。

今では、まさに、親孝行したい時には親はなし、という状態ですが、2016年（平成28）夏、一家で札幌に出かけ、サッポロビールを飲み、ついでにハンバーグを食べることにしました。もちろん、主目的は「日本の中のドイツを訪ねて」ということです。

ここには、ケッセルホール（代表的メインホール）、トロンメルホール（ジンギスカン＋鮨、カニ食べ放題バイキング）、ポプラ館（園中最大1000席）、ガーデングリル（ジンギスカン＋一品料理＋デザート）、ライラック（各種のジンギスカン）などありますが、どのホールでもサッポロビールが「主役」です。他にはお土産品などが買えるガーデンショップがあります。

次頁に「サッポロビール園」の基本データを示しておきます。ただし、データは変わる可能性があります。訪問の前にネット等で再確認をお願いします。サッポロビールの☆は「青地に赤の五稜星(ごりょうせい)（五芒星(ごぼうせい)）＝開拓使の旗」に由来しています。☆は北極星です。

なお、札幌では、毎年、夏には、大通り公園で姉妹都市ミュンヘンの応援を得て「札幌ドイツ村」が催されています。また、クリスマスの時期には「ミュンヘン・クリスマス市 in Sapporo」があります。「ドイツ」のある札幌は素敵です。（晃人・まき）

○「サッポロビール園」

- 札幌市東区北７条東９丁目２ - 10
- ☎0120 - 150 - 550
- アクセス（例）札幌駅北・南口からバス便もあります。タクシーでも約２キロ、約５分、約1000円です（2016夏現在）。
- 営業時間　11：30 - 22：00（L.O.は19:30）

札幌ビール園「ケッセルホール」/開拓使館２Ｆ　2016. 8. 18

◇3 札幌のハンバーグ・札幌市

日本のハンバーグはドイツの「ハンブルグ」のタルタルステーキを起源とし、日本で独自に進化した料理だそうです。札幌では、ハンバーグに力を入れているようで、ネット上では、札幌ハンバーグ人気店TOP100とか、20選とか、10選とか出てきます。私たちは、「ネット情報」と「勘」で「Toshi」を選びましたが、この店の「たっぷり山わさびハンバーグ」が、2015年（平成27）、日本ハンバーグ協会主催の第1回ハンバーググランプリで金賞を受賞したことは、同店を訪ねて初めて知りました。応募総数322品中19品に選ばれたのですからなかなかの実力です。

「Toshi」では、全部で12種のハンバーグが選べますが、わが家では家族3人で3種類を頼みました。いずれもふんわりとしたハンバーグとソースが絶妙のハーモニーを醸し出していました。ランチ11:00、ディナー17:30の開店時だけ予約できます。

特に複数で行かれる場合は予約した方が無難かと思います。私たちは、ランチの開店時を予約しましたが、ほとんどが予約客で、予約なしで来られた数組が開店時に滑り込みセーフの状態でした。それ以外の客は、店外の椅子で待つことになりますが、地下食堂街共有の空間なのか、テーブルも一つあってゆっくり待てそうです。

同店の専用ファームの野菜を使ったサラダも人気です。次頁に紹介する店のデータは、変わる可能性がありますから、ご訪問の際は再確認されることをお願いします。（まき）

○「Toshi」
・中央区南１条西２-５南１条Ｋビル　B1/☎011-241-4189/大通り駅歩２分
・営業日　月・火・水・金・土/木はランチのみ/24席/定休日　日曜日
　ランチ11:00-15:00（L.O./14:30）/ディナー17:30-21:00（L.O./20:30）

金賞受賞の紹介　ハンバーグに付いてくるサラダ

左「たっぷり山わさびハンバーグ」・右「デミグラスソースハンバーグ」

「和風ハンバーグ」2016. 8.18

◇4 シュタイフ新千歳空港店とテディベア・千歳市

ドイツのシュタイフ社は、1902 年（明治 35）、世界で最初のテディベアを作った会社です。テディベアの愛好者は、わが国でも全国にいますが、千歳にはシュタイフ新千歳空港店（国内線旅客ターミナルビル 2F）があります。この空港には、以前、シュタイフネイチャーワールドという大規模の施設があったのですが、2016 年（平成 28）3 月、閉鎖されました。シュタイフのお店は、シュタイフ盛岡（第 10 菱和ビル・岩手）、シュタイフ青山（東京）、松坂屋本館 5F（名古屋）、あべのハルカス近鉄本店 タワー館 8F（大阪）、イセタン シーズナル セレクション LUCUA 1100 1F（大阪）、近鉄奈良 6F(奈良)、福岡三越ラシック店地下 1F（福岡）などがあります（2016 年夏現在）。また、函館、那須、伊東、蓼科、神戸などにもテディベアの売店、展示施設があるようです。

ただ、こうしたお店や施設は突然閉店、閉鎖となることもありますので、お出かけの節は事前確認が必要です。（まき）

シュタイフ新千歳空港店 2016.8.19

◇5 飯盛山の白虎隊とドイツ人・会津若松市

晃人は、一昨年、若松幼稚園を訪問した際、鶴ヶ城は訪ねましたが、飯盛山に行かなかったことを後悔しています。ドイツ人外交官ハッソー・フォン・エツドルフ（Hasso von Etzdorf, 1900 – 1989）が白虎隊士に贈った石碑[(1)]（写真は傾き修正後引用）の実物も見るべきだったと思うからです。碑文には「一ドイツ人より「✠」会津の若き騎士たちに 1935」（「✠」は中世頃からドイツ地方で使われている鉄十字です。項 55 でも触れています）と刻まれています。隣には、1928 年（昭和 3）、ムッソリーニがローマの元老院と市民の名前で贈った碑もあります。戦後、進駐軍は碑を撤去したり、碑文を削ったりしたそうですが、後、元に戻されています。

また、飯盛山にはドイツ人リヒャルド・ハイゼ夫妻（妻は日本人ヨシ）の墓があり、息子のエリヒ・ハイゼ夫妻の墓もあります。父・ハイゼは東京高商（現・一橋大学）の元教師ですが著書『独逸人の見た会津白虎隊“忠勇物語”』を書き、死後は飯盛山に埋葬して欲しいとの遺書を残したのです。ドイツ人の一徹さには驚くばかりです。（晃人）

注(1) ⓘmembers3.jcom.home.ne.jp/goetheschubert/aizu.htm 2016.11.23

<参考文献>瀬野文教『リヒャルト・ハイゼ物語—白虎隊の丘に眠る或るドイツ人の半生』中央公論新社、2012

◇6 旧青木家那須別邸・栃木県那須塩原市

ここの説明文によりますと、ドイツ特命全権公使（後・外務大臣）の青木周蔵子爵は、1881 年（明治 14）、那須野ヶ原に「青木開墾」を開設しています。旧青木家那須別邸（国重文）は、1888 年（明治 21）竣工された農場管理所兼別荘です。1909 年（明治 42）に、両翼等の増築をしています。現在、道の駅「明治の森・黒磯」の隣で公開中です。設計はドイツで建築を学んだ松ヶ崎萬長（まつがさきつむなが）です。松ヶ崎は、後、台湾旧基隆（キールン）駅、新竹（シンチュー）駅(台湾重文)を設計しています。（晃人）

○旧青木家那須別邸

- 営業時間 夏季(4-11 月)9:00-17:30/冬季(12-3 月)9:00-16:30
- 休館日 月曜日(祝日の場合翌日休み)/12 月 29 日-翌年 1 月 3 日
- 大人 200 円 小・中学生 100 円/駐車場 33 台(無料)TEL 0287-63-0399
- JR 黒磯駅から東野交通バス板室温泉行きで約 15 分「青木別荘前」すぐ

ドイツの貴族農園に憧れた青木の別邸　2016. 9. 22

＜参考文献＞青木周蔵著『青木周蔵自伝』平凡社、1979

◇7 グリムの森・グリムの館・栃木県下野市

「グリム」や「メルヘン」を冠した施設は日本各地にありますが、栃木県下野(しもつけ)市には本格的な施設「グリムの森・グリムの館」があります。施設の案内によりますと、施設内には、ドイツのレッチンゲン庁舎をモデルにした建物と、3階建てハーフティンバー様式の家2棟がありますが、いずれも、外壁レンガ、屋根瓦、窓枠、照明器具等はドイツ製を使っています。また、300人収容の多目的ホールには電動式移動客席があり、講演会、シンポジウム、コンサート、演劇、ダンス等に利用可能となっています。

下野市は、2006年（平成18）1月10日、河内郡南河内町、下都賀郡国分寺町、同郡石橋町の3町が合併し発足しています。同市と「グリム」との関わりは、旧石橋町が、1966年（昭和41）、グリム兄弟の出身州（ドイツヘッセン州）にある旧シュタインブリュッケン村（同村もその後周辺3村と合併し「ディーツヘルツタール」となっています）と児童の絵画等の作品交換から始まりました。どちらも地域名がシュタイン（石）＋ブリュッケン（橋）つまり「石橋」であるというのをきっかけとしています。

1975年(昭和50)、両地域は姉妹都市となりましたが、旧石橋町は、1989年（平成元）から、グリム兄弟にちなんで「夢とロマンが感じられるまちづくり」を志向し、『世界に誇るグリムの里づくり』をテーマに掲げてきました。

グリムの森・グリムの館は、1996年（平成8）、町の計画の中核施設として開館し、グリム兄弟やグリム童話、あるいはドイツに関する資料の収集や展示を行っています。もちろん、現在も、下野市とディーツヘルツタールは姉妹都市の関係にあります。（晃人）

○グリムの森・グリムの館

・栃木県下野市下古山 747 番地
　Tel. 0285−52−1180
・開園時間　午前 9 時〜午後 8 時（11 月〜3 月は午後 7 時まで）
・休演日　毎週火曜日、毎月月末、年末年始（12 月 28 日〜1 月 4 日）
　（火曜日、月末日が、土曜・日曜、祝日の場合は翌日）
・ＪＲ宇都宮線「石橋駅」下車、徒歩 25 分
　「石橋駅」から関東バス「宇都宮行」（約 5 分）に乗り「通古山バス停」下車、徒歩 10 分

左・施設内の建物/右・石橋駅前商店街の外灯 2016. 9. 22

<参考文献>グリムの森「グリムの館」公式ホームページ
ⓘ www.grimm-no.net./index_p.htm 2016.10.13:30

◇8 日本の子どもたちとグリム童話

日本の子どもにとって、グリム童話は、絵本やアニメーションだけでなく、保育所、幼稚園等の発表会の「劇」で見たり、自ら主役や脇役を演じたりしていてお馴染みです。「赤ずきんちゃん」、「おおかみと七ひきのこやぎ」、「ヘンゼルとグレーテル」、「白雪姫」、「シンデレラ」等は子どもたちに大人気です。

最近では、大人向きの図書で、グリム童話を時代背景、社会状況と絡めて説く出版物などもありますが、たとえば、「ヘンゼルとグレーテル」は飢饉と捨て子（口減らし）が背景にあった、と指摘するくだりなどを読むと、なるほど、と思います。

グリム兄弟（Brüder Grimm）は、19 世紀のドイツの言語学者、文献学者、民話収集家、文学者です。『グリム童話』(Grimms Märchen）は、グリム兄弟の長兄・ヤーコプと次兄・ヴィルヘルムが主として編纂しています。正式名称は『子供たちと家庭の童話』(Kinder- und Hausmärchen）です。1812 年（文化 9)、初版第 1 巻が出版されましたが、露骨な性的表現や、残酷すぎる物語等もあって、後に、何度も書き換えられたり、物語の削除と追加が行われています。

ところで、グリム童話の日本への紹介は、1886 年（明治 19）、郵便報知の「新貞羅（シンデレラ）」が初出のようです。また、翌年の 1887 年（明治 20）4 月には、管了法（桐南居士）訳『西洋古事 神仙叢話』（集成社）の中に「シンデレラの奇縁」が掲載されています。（まき）

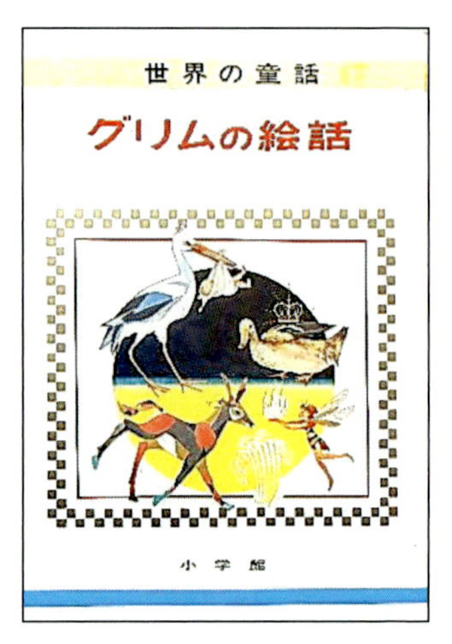

左・岩瀬成子 文/荒井良二　絵『白雪姫』フェリシモ、2008/右・後藤楢根・高畠華宵・初山 滋・杉全 直他『世界の童話 17 グリムの絵話』小学館、昭和 44 年/まき蔵

ぶん　いながき　まさこ・え　くろたに　たろう
『おおかみと七ひきのこやぎ』ニッポ、1969/まき蔵

<参考文献>高橋義人『NHK カルチャーラジオ　文学の世界　グリム童話の深層をよむ ドイツ・メルヘンへの誘い』NHK、2012

◇9 市川市東山魁夷記念館・千葉県市川市

東山魁夷記念館は千葉県市川市にあります。東山は日本を代表する日本画の風景画家ですが、随筆の達人でもありました。東山は、生涯の大半を市川で過ごしています。若い頃には、ドイツに留学していますので、当館の造りはドイツ民家風です。ここでは、東山の生涯や東山芸術を紹介しています。訪問日、あいにくの悪天候でしたが、これもまた自然です。なお、東山関係では他に「香川県立東山魁夷せとうち美術館」、「長野県信濃美術館 東山魁夷館」、「東山魁夷 こころの旅路館（中津川市）」等があります。（晃人）

○「市川市東山魁夷記念館」

- 市川市中山１丁目 16 番２号　「京成中山」から歩 11 分
- 一般 500 円/大学生 250 円/高校生 250 円～（☎047 - 333 - 2011）
- 午前 10 時 - 午後５時（入館午後４時 30 分迄）・月曜休館/祝祭日の翌日

東山魁夷記念館 2016. 9. 21

記念館入口 2016.9.21

日独交流150周年記念菩提樹をドイツ連邦共和国大使館寄贈

◇10 日本基督教団千葉教会・千葉市

日本基督教団千葉教会は、1879年（明治12）創立された教会です。教会堂は1895年（明治28）の竣工で、設計者は、旧司法省（項24）や同志社大学クラーク記念館（項43）の設計、明治学院記念館（項31）改築に関わったとされている、ドイツ人建築家リヒャルト・ゼール（Richard Seel, 1854-1922）です。正面右手にはゴシック風尖塔があったようですが、1917年（大正6年）、台風で倒壊しています。建物は、大通りから少し奥まっていて、民家に囲まれ、全景の撮影は難しい状態です。この建物は、1975年（昭和50）12月12日、千葉県の有形文化財の指定を受けています。（晃人）

○「千葉教会」
・千葉県千葉市中央区市場町9-20
・JR東日本外房線本千葉駅より徒歩8分。

日本基督教団千葉教会　2016. 9. 21

◇11「東京ドイツ村」・千葉県袖ケ浦市

「東京ドイツ村」は、千葉県袖ケ浦市にある、「ドイツ」を冠した広大なテーマパークです。大規模でも首都圏にあることから集客も可能なのでしょう。

ここは娯楽施設の色彩が強く、園内には数多くのアトラクションがあります。大観覧車、ペダルボート・手こぎボート、面白自転車、子どもパターゴルフ、芝そりゲレンデ、マメ汽車、アーチェリー、バズーカ砲、スーパーチェアー、ブタ天キッズコースター、子どもトランポリン、リトルティーカップ、バイキング、ホールインワンチャレンジ等、子ども向きのものも多く、家族で楽しめるテーマパークといったところです。施設内にはレストラン、お土産品売り場、収穫用畑、大きな花壇等もあります。

アクセスは、バス便は便数が限られていますので、発着便の事前確認が必要です。（晃人）

○「東京ドイツ村」

・場所：〒299 - 0204 袖ヶ浦市永吉 419 TEL 0438-60-5511 FAX　0438-75-7068

・入園料【9:30～17:00（最終入園時間：16:00）】
大人 1200 円/中・高生 800 円/4 歳～小学生 600 円/シニア（65 歳以上）1000 円/団体、障がい者、学校行事、時期、駐車料（各種）等による料金設定があります。※3000 台の駐車が可能です。

・各アトラクションは入園料とは別途料金が必要です。

・アクセス：自家用車、団体貸切バス以外だと、千葉駅から、千葉中央バス、日東交通の高速バス「カピーナ号」（鴨川亀田病院行）に乗り「東京ドイツ村前」で下車（39 分）。ただし、少ない便しかありません。

東京ドイツ村 2016.9.21

東京ドイツ村部分

◇12 北白川宮能久親王と日独交流・東京都千代田区

北白川宮能久親王（輪王寺宮 - 伏見満宮 - 北白川宮）は、1847 年4 月 1 日（弘化 4. 2. 16）に誕生し、1895 年（明治 28）10 月 28 日に薨去しています。幕末活躍した皇族・山階宮晃親王と久爾宮朝彦親王の弟ですが、北白川宮は、幕末から明治にかけて、最も波乱万丈の生涯を送った皇族です。

北白川宮は、日清戦争後、近衛師団長として台湾に出征し、現地で戦病死したことから、英雄視されて、軍人のイメージが強いのですが、明治初年、ドイツ（プロイセン）に留学した宮は、明治前半期の日独交流全般にわたるシンボル的存在と言えます。

伏見満宮は、1867 年（慶応 3）5 月、上野寛永寺貫主、日光輪王寺門跡を継承しますが、そのことで、戊辰戦争では彰義隊に担がれて朝敵となり、東北各地を転々とし、奥羽越列藩同盟盟主となります。しかし、1968 年（明治元）9 月 15 日、仙台藩降伏後、官軍によって京都に護送され、蟄居が申し付けられ、仁孝天皇の猶子（義子）および親王の身分剥奪という処分を受けています。1869 年（明治 2）9 月、処分を解かれ、1870 年（明治 3）10 月、伏見宮に復帰し、元のように伏見満宮と呼ばれるようになりました。

旧に復すると、間もなく、伏見満宮は、政府にプロイセン（ドイツ）留学を願い出て許され、随行員には、帰国後、諸分野で活躍する、安芸藩出身の田坂虎之助（陸軍測地測量技術兵・陸軍少将）、長州藩出身の松野礀（わが国林学の鼻祖・妻が幼稚園首席保姆の松野クララ）、同・井上省三（日本の毛織物工業の父・娘がコッホの甥と結婚）らがいます。同じ船に乗るはずだった薩摩藩の寺田弘（官僚・稀覯本収集家）は、病気のため、出発を後らせて洋行することになります。

伏見満宮は、プロイセンでドイツ語を習得し、軍事を学びますが留学中に、早世した弟の北白川宮智成親王の遺言によって北白川宮家を相続し、北白川宮能久親王を名乗ることが許されています。

また、1876 年（明治 9）12 月、北白川宮は、ドイツの貴族の未亡人ベルタと婚約しますが、政府はこれに反対し、帰国を命じています。結局、帰国後、政府要人らの説得により婚約は破棄されますが、北白川宮はこの件で謹慎 3 ヶ月の処分を受けています。その後、軍務に精励し、1884 年（明治 17）に、陸軍少将、1892 年（明治 25）に、陸軍中将に昇進し、薨去の前日に遡って陸軍大将となっています。北白川宮は、軍務に励む一方で、1879 年（明治 12）4 月、結成された東京地学協会（地学とあるが地理学のこと）の「社長」に担がれています。また、特に、日独交流に関しては、1881 年（明治 14）9 月 18 日、ドイツ学術、文化の移植を目的に結成された「独逸学協会」の総裁となり、日本における「ドイツ派」のシンボル的存在となります。委員長の品川弥次郎は、木戸孝允亡き後、重きを成してきた山県有朋、伊藤博文、青木周蔵、井上毅、桂太郎などの長州閥に属していました。

独逸学協会は長州閥だけでなく、平田東助、西周、加藤弘之、松方正義、山脇玄、岩村高俊、西郷従道など、当時の各界の有数の指導者たちを糾合していました。もちろん、北白川宮に近い松野礀、井上省三、寺田弘等も独逸学協会の初期メンバーで、特に、松野は第三部の委員まで務めています。また、1883 年（明治 16）には、中等教育機関の私立独逸学協会学校（現・独協学園）が設立され、1885 年（明治 18）には、高等教育機関の専修科（後の東京大学独法科）が設けられ、明治、大正のエリートを多数輩出しています。

既述のように、北白川宮は 1895 年（明治 28）10 月 28 日、48 歳の時、台湾でマラリアのため薨去（担当軍医・森鴎外）しますが、遺骸は密かに東京に運ばれ、国葬が執り行われています。（晃人）

東京国立近代美術館工芸館脇の北白川宮騎馬像（作・新海竹太郎）

＜参考文献＞有馬頼義「北白川宮生涯」『別冊文芸春秋　特別号』（第 105 号）所収　昭和 43 年　※ 直木賞作家・有馬頼義の母・貞子は北白川宮能久の子で有馬頼義は北白川宮の孫になります。

◇13 日本のヘソ:日本水準原点・東京都千代田区

明治24年（1901）5月設置された、日本の真正のヘソ（?）日本水準原点は、国会前庭「洋式庭園内」にあります。広島出身の陸軍軍人・田坂虎之助による設置です。田坂は、松野磵（まつのはざま）や、井上省三（いのうえせいぞう）らと共に、明治3年（1870）12月、「プロイセン（ドイツ）」に留学する伏見満宮（ふしみみつのみや）（後の北白川宮能久親王（きたしらかわのみやよしひさしんのう））の随行者です。田坂の履歴書（国立公文書館）によりますと、最初、自費留学生で、後、陸軍留学生となり、明治15年（1882）まで、ドイツで12年間、測地測量を学んでいます。帰国後の最終階級は陸軍少将です。標庫は、西洋古代の様式を持つ小さな建造物ですが、工部大学校造家科1期生・佐立七次郎（さたてしちじろう）の設計です。日本人初の保姆・豊田芙雄（とよだふゆ）の弟・桑原政（くわばらただす）（鉱山科2期生）の1年先輩です。水準原点は、毎年5月末頃、1日だけ公開されます。（晃人）

日本水準原点標庫 2016.9.23

＜参考文献＞田崎虎之助履歴書、国立公文書館

◇14 松野磵父子の墓とクララ顕彰碑・東京都青山霊園

ドイツに留学し、わが国林学の鼻祖となった松野磵（※磵は作字。普通「門」の中は「月」）と娘・文の墓（青山霊園の外国人墓地区画）の隣に磵の妻、ドイツ人松野クララの顕彰碑があります。クララは、豊田芙雄や近藤濱にフレーベル主義保育を講じた人です。巌谷小波は児童文学者ですが、幼少期、兄と同様、医師になることが期待され、クララにドイツ語を習わされています。父・巌谷一六（後の貴族院議員）は、磵の義兄・長松幹（修史館幹部。後、男爵）の同僚でしたし、小波は、一時期、長松所有のアパートの住人・仕立屋夫婦の養子で、松野、長松、巌谷の家はお互いに比較的近い距離にあったのです。なお、磵は、官立東京山林学校（後、駒場農学校と合併し、東京農林学校 - 東京帝国大学農科大学となる）を設立し、校長となっています。松野はこの冊子の各所に登場しています。（晃人）

松野クララ顕彰碑

左・娘・文と右・父・松野の墓 2016. 9. 19

※表紙に顕彰碑と同じ絵（お茶の水女子大学所蔵/元画は愛殊幼稚園所蔵錦絵）使用の前村らの共著『豊田芙雄と草創期の幼稚園教育』（建帛社）は碑より早く出版しています。

◇15 フレーベルと日本の幼稚園の始まり・東京都文京区

オーウェンやオベリンは、フレーベルより先に幼児教育機関を作りましたが、「幼稚園」を創始したのはドイツ人フレーベルです。フレーベルは、幼稚園を、庭師が庭園の草木を慈しみ育てるように、保姆が幼児を慈しみ育てる「幼稚の園」としたのです。「幼稚園」は名称自体に「教育哲学」があるのです。内外を問わず、フレーベルは「幼稚園の父」と言われています。

東京女子師範学校附属幼稚園（現・お茶の水女子大学附属幼稚園）は、1876年（明治9）11月16日、幼稚園教育を開始しました。ここで、監事・関信三、ドイツ人首席保姆・松野クララ、日本人初の保姆・豊田芙雄（とよだふゆ）や近藤濱はフレーベル主義保育の導入と定着のために苦闘を開始したのです。なお、11月16日は幼稚園の日です。（晃人）

東京女子師範学校附属幼稚園[1]

注（1）倉橋惣三・新庄よし子『日本幼稚園史』臨川書店、1956

◇16 豊田芙雄（とよだふゆ）と鹿児島幼稚園・鹿児島市

1879年（明治12）4月、わが国二番目の鹿児島幼稚園（現・鹿児島大学教育学部附属幼稚園）が開設されました。まだ、西南戦争終結後1年半の時期です。これは岩村通俊（いわむらみちとし）県令が殖産振興と教育復興に力を入れた結果です。通俊は、文部卿・西郷従道（さいごうつぐみち）に依頼し、田中不二麿文部大輔（たいふ）、中村正直東京女子師範学校摂理（せつり）を動かして、保姆・豊田芙雄（とよだふゆ）の長期出張を実現したものと思われます。

豊田は、文部省の命で、兄が戦死した九州へ赴任し、鹿児島でフレーベル式の保育を実践したのです。助手・古市静子は、後、上京し、冲静幼稚園を開き、東京派遣留学生の一人桜川以智（いち）は、鹿児島幼稚園に勤務後、西郷隆盛の長子・西郷菊次郎（台湾宜蘭庁長官）に呼ばれ、小学校教師を経て、宜蘭（イーラン）で幼稚園を開いています。（晃人）

左の門札に「幼稚園」の文字（高橋清賀子家文書）

＜参考文献＞前村晃『豊田芙雄と同時代の保育者たち』三恵社、2015

◇17 フレーベル主義保育と愛殊幼稚園・大阪市中央区

大阪の愛珠幼稚園は、1880年（明治13）6月、開園しています。同園も国内最初期の幼稚園で、保育は、ドイツ人フレーベルが開発した恩物保育を中心に置いていました。現在の建物は、1901年（明治34）3月、現在地移転の際に竣工したもので、国の重要文化財の指定を受けています。園舎の設計は、東京女子師範学校で豊田芙雄の薫陶を受けた主席保姆・伏見柳（明治14年卒）のアイディアを基に、文部省技師・久留正道（工部大学校で豊田芙雄の弟・桑原政の1年下。四高校舎、五高本館＝項70などを設計）が指導し、大阪府技手・中村竹松が設計したと言われています。愛殊幼稚園は、創立時代を含む、大量の第一級史料を保存しています。（晃人）

愛殊幼稚園（国の重要文化財指定） 2013.10.17

＜参考文献＞前村晃『豊田芙雄と同時代の保育者たち』三恵社、2015

◇18 千住製絨所跡・井上省三胸像・東京都荒川区

井上省三（1845 - 1886）は「日本の毛織物工業の父」です。井上は、田坂虎之助、松野礀らと共に、伏見満宮（後の北白川宮能久親王）に随行してドイツに行き、製絨業を学び、1879年（明治12）、官営千住製絨所を設立しました。毛織物は、軍服、官服に最適だったのです。井上は、長州藩出身で、木戸孝允に随って上京し、木戸の力で留学できたのです。1886年（明治19）、満41歳で井上は逝去しています。現・荒川総合スポーツセンター（都電・荒川一中前駅歩5分）入口左横に胸像と石碑があります。碑文は長州の先輩・青木周蔵が題し、文は親友・松野礀が撰しています。

次項19に記すように井上の娘ハンナ（ハナ）はロベルト・コッホの甥と結婚しています。（晃人）

左・井上省三顕彰碑/右・井上省三胸像　2016.9.20
（2匹の羊は毛織物を象徴しているのでしょう）

＜参考文献＞井上省三記念事業委員会編『井上省三伝』（同委員会）1938

◇19 神社に祀られたドイツ人コッホ・東京都港区

東京都港区の北里大学白金構内には、近代細菌学の開祖ロベルト・コッホを祀る神社があります。現在は、コッホと北里柴三郎を合祀していますが、北里が恩師コッホの死後遺髪を貰って建立したものです。北里は第1回ノーベル生理学・医学賞の最終候補者（15名）となりましたが、同大では、一昨年、特別栄誉教授の大村智先生がノーベル生理学・医学賞受賞を果たしました。大村先生は青木繁「海の幸」の会の理事長でもあります。友人・吉武研司君の勧めで晃人も会員になっていますので、同会から大村先生受賞祝賀会の案内を貰いましたが、残念ながら職場の仕事の都合で出席できませんでした。

なお、既述のように井上省三（前項18）とドイツ人妻の愛娘ハンナ（ハナ）はコッホの甥（高等鉱山技師）と結婚しています。（晃人）

コッホ・北里神社　2016.9.23

＜参考文献＞砂川幸雄『北里柴三郎の生涯―第１回ノーベル賞候補』ＮＴＴ出版、2003

◇20 獨逸学協会学校と獨協大学・草加市

獨協大学（草加市学園町 1-1）は、その名前が示すように、ドイツと関係の深い大学です。獨協学園は、1881 年（明治 14）、北白川宮能久親王（きたしらかわのみやよしひさしんのう）を担いで設立した「獨逸学協会」が、1883 年（明治 16）、ドイツ学の教授を目的に創立した「獨逸学協会学校」を起源としています。初代校長は西周（にしあまね）です。

1885 年（明治 18）には、後にドイツ帝国宰相となるゲオルク・ミヒャエリス（Georg　Michaelis, 1857-1936）が教頭に就任し、4 年間、法律学の講義をしたこともあります。現在の獨協大学は、1964 年（昭和 39）設立で、カント哲学者の元文部大臣天野貞祐が初代学長です。ドイツ教養主義に基づく教育を特色としています。他に獨協医科大学、姫路獨協大学を擁しています。（晃人）

獨協大学 2016.9.21

＜参考文献＞新宮譲治『独逸学協会学校の研究』校倉書房、2007

◇21 ドイツ式の日比谷公園と公園旧事務所・都千代田区

日比谷公園は、日本最初の洋式公園ですが、1903 年（明治 36）6 月、開園しています。設計者は、ドイツに留学した本多静六（現・久喜市出身・わが国初の林学博士）です。もちろん、ドイツの公園がお手本です。本多は、松野礀(まつのはざま)設立の東京山林学校（後の東京農林学校 - 東京帝国大学農科大学）で学び、東京帝国大学農科大学教授になっています。明治神宮、大沼公園、鶴ヶ城公園、福岡大濠公園等の設計、改良に関わった本多は「わが国公園の父」です。

日比谷公園内には、ドイツのバンガローを模した、1910 年（明治 43）11 月竣工の日比谷公園旧事務所（現・東京都公園資料館・都有形文化財）があります。設計者は福田重義です。この公園の大噴水の周辺で、毎年、ビールの祭典「オクトーバーフェスト」が催されるのも「むべなるかな」というところです。（晃人・まき）

都心のオアシス：ドイツの平地林を取り入れた公園 2016. 9. 23

ペリカン噴水と花壇

開園当時の水飲み

左・ドイツバンガロー風の旧公園事務所/右・雲形池と鶴の噴水

<参考文献>臼井勝美他編『日本近現代人名辞典』吉川弘文館、2001

◇22 ビヤホールライオン銀座七丁目店・東京都中央区

都心の屋内のオアシスと言えば、現存最古のドイツ風ビヤホール「ライオン銀座七丁目店」もその一つでしょう。かずの父、晃人の義父、まきの祖父の黒田千吉は、銀座をはじめ、各地のライオンに勤務し、各店の支配人、総支配人をしています（叔父・佐取昭氏談）。千吉は、最初、大日本麦酒（だいにほんビール）に入り、後、ライオンに移っています。ビール党の作家・玉川一郎は、二度、直木賞候補となった人ですが、勤勉実直な千吉のために「黒田会」を作っています。玉川は、世慣れた江戸っ子で、NHKラジオ「とんち教室」のレギュラー出演者でした。下の写真左は、1977年（昭和52）夏、玉川の出版記念会で千吉が貰った本です。七丁目店は「銀座六丁目交差点角」にあります。（晃人・まき）

○ライオン銀座七丁目店

- 年中無休 電話 050 - 5788 - 0502
- 月～土 11:30-23:00 日・祝 11:30-23:30 ランチ 11:30 - 14:00
- 地下鉄「銀座駅」歩3分、JR「有楽町駅」&「新橋駅」歩7分

玉川一郎『大正・本郷の子』（青蛙房）/コースター/七丁目店内 2016.9.19

◇23 明治期お雇い外国人:ドイツ人

わが国の近代化は、「お雇い外国人」を招くことで、大きく進展しました。彼らは厚遇され、大臣級の給料を貰う者もいました。時代区分の仕方、官民の区別等で数値は異なりますが、1898年頃までのお雇い外国人は、イギリスから6,177人、アメリカから2,764人、ドイツから913人、フランスから619人、イタリアから45人と言われています。イギリス人は鉄道開発、電信、公共土木事業、建築、海軍制等を、アメリカ人は外交、学校制度、近代農事事業・牧畜、北海道開拓等を、フランス人は陸軍制、法律等を、イタリア人は絵画や彫刻等を、ドイツ人は医学、大学設立、農学、法律等を指導しています。

ドイツ人お雇い外国人で主だった人々を列挙すると以下のようになります（墺を含む）。○印の人物は別項で独立して、もしくは、各項の文章内で触れています。

○ヘルマン・エンデ／官庁集中計画協力・建築（独）
○ヴィルヘルム・ベックマン／官庁集中計画協力・建築（独）
○リヒャルト・ゼール／官庁集中計画協力・建築（独）
○ヘルマン・ロエスレル／大日本帝国憲法作成助言（独）
○アルバート・モッセ／大日本帝国憲法作成助言（独）
○松野クララ／幼児教育・ピアノ。お雇い外国人同様の働き（独）
○ラファエル・フォン・ケーベル／哲学・音楽（露／ドイツ系）
○エミール・ハウスクネヒト／教育学（独）
○ハインリッヒ・エドムント・ナウマン／フォッサ・マグナの命名者、
　ナウマンゾウに名を残す。地質学（独）

・ヘルマン・テッヒョー／民事訴訟法（独）

○マックス・フェスカ／農学（独）

○ポウル・マイエット／農業保障論等（独）

○アレクサンダー・フォン・シーボルト／新政府外交協力。父はシーボルト事件のフィリップ・フランツ・フォン・シーボルト（独）

○フランツ・フォン・エッケルト／「君が代」の編曲者（独）

○ゴットフリード・ワグネル／陶磁器、ガラス器等の製造指導　（独）

○エルウィン・ベルツ／医学（独）

・テオドール・ホフマン／軍医（独）

○オスカル・ケルネル／農芸化学（独）

○ヨハネス・ルードヴィヒ・ヤンソン／西洋獣医学の導入・鹿鳴館でダンスを指導（独）

・クルト・ネットー／鉱業の技術指導（独）

・カール・フライク／帝国ホテル総支配人（独）

○テオドール・エドラー・フォン・レルヒ／オーストリア＝ハンガリー帝国軍少佐。日本人に初めてスキーを指導（墺）

○ゲオルク・Ｆ・Ｈ・ハイトケンペル／革靴製造技術の指導（独）

○クレメンス・ウィルヘルム・ヤコブ・メッケル／陸大教官（独）

○ヘルマン・ルムシュッテル／鉄道技術・特に九州、四国鉄道建設（独）

○カール・ヘルマン・ブッセ／ロマン派詩人・東京帝大哲学教師（独）

（晃人・まき）

＜参考文献＞

ユネスコ東アジア文化研究センター編『資料 御雇外国人』小学館、1975

◇24 ドイツ人設計の旧司法省庁舎・千代田区霞が関

青木周蔵、井上毅(いのうえこわし)らは、壮大な官庁集中計画を立て、ドイツから松ヶ崎萬長(まつがさきつむなが)の師ヘルマン・エンデとヴィルヘルム・ベッグマンを招聘し、エンデが統括をし、ベッグマンやリヒャルト・ゼールが設計し、河合浩蔵が実施設計をしています。しかし、計画は政争絡みで頓挫し、1895年（明治28）、ドイツ・ネオバロック様式の旧司法省庁舎、翌年、旧大審院のみが建築されています。この庁舎は、1923年（大正12）の大震災では無傷でしたが、1945年（昭和20）の空襲で壁、床を残して全焼し、戦後、2階建てに改築して使用されましたが、1994年（平成6）、復元され、国の重文の指定を受けています。平日、無料で一部が公開されています。（晃人）

○旧司法省庁舎（法務省旧本館）
・開館時間 午前10時～午後6時（入館は午後5時30分まで）/無料
・休館日 土・日
・祝祭日/東京メトロ有楽町線 桜田門駅 歩1分

旧司法省（現・法務省の一部） 2016. 9. 23

旧司法省：左斜めから

旧司法省：右斜めから

◇25 駒場野公園とケルネル田圃・東京都目黒区

駒場野公園（井の頭線「駒場東大前駅」歩1分）には、ドイツ人お雇い外国人オスカル・ケルネル（Oskar Kellner, 1851-1911）縁の「ケルネル田圃」があります。ケルネルは、1881年（明治14）から1892年（明治25）まで日本に滞在し、駒場農学校（東京農林学校 - 東京帝国大学農科大学）で土壌肥料化学や施肥技術等を教えています。農学部の本郷移転後も、元の場所には東京帝大農科大学付属農業教員養成所を前身とする東京農業教員専門学校 - 東京教育大学農学部が残りましたが、これも筑波に移転して、駒場野公園となったのです。田圃は、現在、半数以上東大に進学する、元々は農科大附属だった筑波大学附属駒場中・高生の水田稲作実習に使われています。新入生、卒業生には、この田圃で穫れた米のお赤飯が配られています。（晃人）

左・ケルネル田圃/右・胸像（作・朝倉文夫）　東大・農 3号館 2016.11.11撮影

＜参考文献＞「東大農学部の歴史」（東京大学大学院農学生命科学研究科）
ⓘ www.a.u-tokyo.ac.jp/history/galleryx.html 2016.10.15 AM9:30

◇26 獣医学と鹿鳴館ダンスを指導した男・東京＆鹿児島

最初期の農学の指導者は、北海道ではアメリカ人、東京ではイギリス人が主でしたが、明治10年代になると、東京では、ドイツ人が台頭してきます。マイエット（Paul Mayet, 1846-1920）のように、1876年（明治9）、来日し、東京医学校（後の東大医学部）でドイツ語、ラテン語を教え、農業保険制度等の助言をした人や、1882年（明治15）、来日したフェスカ（Max Fesca, 1845-1917）のように、農商務省嘱託と駒場農学校教師を兼任しながら、名著『日本農業及北海道殖民論』や『日本地産論』を著した人物等が登場するのです。

プロイセンのベルリン獣医学校で獣医学を修め、ベルリン大学で解剖学、組織学、生理学、外科学を学んで、ベルリン陸軍獣医学校助教授となったヨハネス・ルードヴィヒ・ヤンソン（Johannes Ludwig Janson, 1849.9.1-1914.10.28）は、1880年（明治13）、来日し、駒場農学校（後の東京農林学校－東京帝国大学農科大学）で西洋の獣医学を教えています。ヤンソンは、1902年（明治35）まで22年間教官をし、獣医学の分野で不滅の足跡を残し、退官と同時に名誉教師の称号が与えられています。

当時の時事新報（『新聞集成明治編年史』林泉社 1940）では、教え子たちが、ヤンソンの功績を讃え、胸像を造って、1903年（明治36）4月27日、除幕式を行ったことを報じています。

ところで、このヤンソン先生、実はダンスの名手で、鹿鳴館時代、日本人にダンスの指導をしています。フランス人画家ビゴーの『続ビゴー日本素描集』（岩波文庫）の中に、ひげ面の西洋人が洋装をした日本人女性たちにダンスを教えている風刺画がありますが、この西洋人がヤンソン先生です。

左・ダンスを教えるヤンソン・清水 勲編『続ビゴー日本素描集』岩波文庫、1992 199 頁/右・ヤンソン胸像（作・工部美術学校出身/大熊氏廣） 東大・農動物医療センター前 2016.11.11 撮影

1885 年（明治 18）6 月 29 日、鹿鳴館では舞踏会第一期閉会式を迎えますが、この時、ヤンソンは「貴婦人及び紳士、始め余が西郷伯爵閣下（晃人注：西郷従道）の委嘱をうけて本会の舞踏教師たる栄を辱ふし云々」から始まる、やや長めの挨拶の中で、ダンスは健康上も社交上も効用がある、と述べたことを、同年 7 月 1 日付の時事新報（既出『新聞集成明治編年史』）が報じています。

この時期、東京女子師範学校では生徒だけでなく、教員も洋服を注文し、元同僚のドイツ人松野クララに着付けを教わり、夜会に出ていますから、同校教員兼附属幼稚園保姆の豊田芙雄（とよだふゆ）などもヤンソン先生を見かける機会があったかと思います。

ヤンソンは、学術論文を数多く書いていますが、1888 年（明治 21）には、弟子の田中宏（駒場農学校助教）による、全 16 巻からなる『家畜醫範』（農商務省農務局）の校閲をしています。

ヤンソンは、一時帰国時を除き、その後も、盛岡高等農林学校（現・岩手大学・農）で獣医学を教え、第七高等学校（現・鹿児島大学）でドイツ語を教えています。ヤンソンは、1901 年（明治 34）、鹿児島出身の谷山ハルと結婚しますが、1914 年（大正 3）10 月 28 日、ハルの郷里で没し、現在も鹿児島市草牟田墓地に眠っています。（晃人）

駒場農學校獸醫教師[illegible]校閲
駒場農學校助教獸醫學士田中宏纂著
家畜醫範
解剖學一
巻壹
農商務省農務局藏版

左・田中宏纂著/ヤンソン校閲『家畜醫範　巻壹　解剖学一』（農商務省）1888/国立国会図書館/右・鹿児島市草牟田墓地ヤンソン先生のお墓 たまたま命日に、花を手向けることができました。2016.10.28 撮影

＜参考文献＞「東大農学部の歴史」（東京大学大学院農学生命科学研究科）
ⓘ www.a.u-tokyo.ac.jp/history/galleryx.html 2016.10.15 AM9:30 現在

◇27 ゴットフリート・ワグネルと窯業・東京青山霊園

ドイツのハノーファーに生まれた、ゴットフリート・ワグネル（Gottfried Wagener, 1831.7.5-1892.11.8）は、日本各地に大きな足跡を残しています。ワグネルは、15 歳で工芸学校に入学し、2 年後、鉄道関係の職に就きますが、1849 年（嘉永 2）、ゲッティンゲン大学に入学し、カール・フリードリヒ・ガウス（数学者）やヴィルヘルム・ヴェーバー（物理学者）の薫陶を受け、21 歳の時、数学物理学博士号を取得した「秀才」です。

その後、パリ、スイスで教師等をし、1868 年（慶応 4）、石鹸工場を設立するラッセル商会の招きで、長崎に到着しています。しかし、この事業はうまくいかず、1870 年（明治 3）4 月から 8 月まで、佐賀藩に雇われて、有田の窯業技術の指導をしています。この際には、石灰を用いた釉薬の開発、コバルト顔料の使用、石炭窯の築造実験などを試みて、有田窯業の発展に貢献しています。

1870 年（明治 3）11 月頃、お雇い外国人となり、大学南校（現・東京大学）でドイツ語の教師（月給 200 ドル）をし、1872 年（明治 5）、東校（後の東京医学校、現・東京大学医学部）に転じて数学・博物学・物理学・化学の教師（月給 300 ドル）をしています。

後、佐野常民の要請で、1873 年（明治 6）のウィーン博に協力し、万博後、随行員の納富介次郎（のうどみかいじろう）ら 23 名は現地の伝習生となりました。また、1876 年（明治 9）のフィラデルフィア博にも協力しています。

1878 年（明治 11）2 月からは、3 年間、京都府に雇用（月給 400

円）され、京都舎密局や医学校（現・京都府立医科大学）で指導をしています。その後も、1881年（明治14）5月から5年半、東京大学理学部で製造化学を教え、1884年（明治17）11月から兼任で東京職工学校（現・東京工業大学）でも窯業学を教えました。1886年（明治19）、東京職工学校陶器破璃工科の主任教授となり、1892年（明治25）11月8日、在職のまま死亡しています。意外にも生涯内気だったそうです。墓は青山霊園にあり、京都市の岡崎公園と東京工業大学・大岡山キャンパスに記念碑があります。（晃人）

ワグネルの墓碑（青山霊園） 2016. 9. 19

<参考文献>

・植田豊橘編 『ドクトル・ゴットフリード・ワグネル伝』博覧会出版協会、 1925

◇28 ハインリッヒ・エドムント・ナウマンと地質学

ナウマン（Heinrich Edmund Naumann,1850-1927）は、お雇い外国人の中でも、フォッサマグナの命名者として、あるいはナウマンゾウ（これは日本人がナウマンに敬意を表して命名した）に名前が残っている人として、広く知られている人物です。

ナウマンは、ザクセン王国マイセンの生まれですが、1875 年（明治8）、日本に招聘され、東京大学で地質学を教えています。

また、地質調査所（現・独立行政法人産業技術総合研究所地質調査総合センター）の設立に関与し、精力的に日本列島の地質調査をし、日本初の立体的な地形図を作成しています。

後年、著書『日本列島の構造と起源について（Über den Bau und die Entstehung japanischen Inseln）』を出版し、この中で日本のフォッサ・マグナ説を論じています。

日本文化や日本人評価をめぐって、鴎外が噛みついたと言われるナウマンですが、関東大震災で東京大学の図書が失われた際には、自身の蔵書をドイツから大量に寄贈しています。

ところで、ナウマンゾウの骨の化石は、野尻湖をはじめ全国各地で見つかっています。ナウマンゾウは、現在のアジアゾウよりやや小ぶりだそうですが、2 万年前まで日本の大地を「野生のゾウが歩いていた」と思うと愉快です。（晃人）

＜参考文献＞臼井勝美他編『日本近現代人名辞典』吉川弘文館、2001

◇29 エルヴィン・フォン・ベルツと医学

1849年（嘉永2）、ヴュルテンベルク王国のビーティヒハイム・ビッシンゲンに生まれた、エルヴィン・フォン・ベルツ（Erwin von Balz,1849-1913）は、著名なドイツ人お雇い外国人です。

ベルツは、1866年（慶応2）に、テュービンゲン大学医学部に入り、3年後、ライプツィヒ大学医学部に転じ、1870年(明治3)、同大学を卒業しています。1876年（明治9）、来日し、東京医学校（現・東京大学医学部）で教え始めています。

ベルツは、29年間日本に滞在し、医学界だけでなく、文化の側面でも大きな足跡を残しています。また、『ベルツの日記』（岩波文庫）は、現在も、日本人の間で広く読まれています。

1881年（明治14）、日本人ハナと結婚し、3人（4人とも）の子ども（『ベルツの日記』の編者トクは長男）がいます。1902年（明治35年）、東京帝大を退官し、その後、宮内省侍医となっています。1905年（明治38年）、家族とドイツへ帰国しますが、1908年（明治41）、伊藤博文の要請で再来日します。1913年（大正2）、シュトゥットガルトで死去しました。64歳でした。

ベルツは、医学上大きな貢献をしましたが、「蒙古斑」の命名者、「ベルツ水」の製造者、温泉療法の管理指導の提唱者として知られています。また、草津温泉を世界的な温泉と高く評価しています。そんな縁もあって、草津温泉には「ベルツ通り」があるそうです。

ベルツは、大日本帝国憲法制定時、「お祭り騒ぎをしているが、憲法の中身を知る者はいない」と言っていますし、日本人は自らの過去を卑下し、欧米の文化を絶賛するが、欧米の文化は日本の伝統の上に育てられるべきだ、と持論を展開しています。また、ベルツ収集の江戸中後期から明治前半の美術・工芸品約6000点は、ドイツのリンデン民俗学博物館に収蔵されているそうです。（晃人）

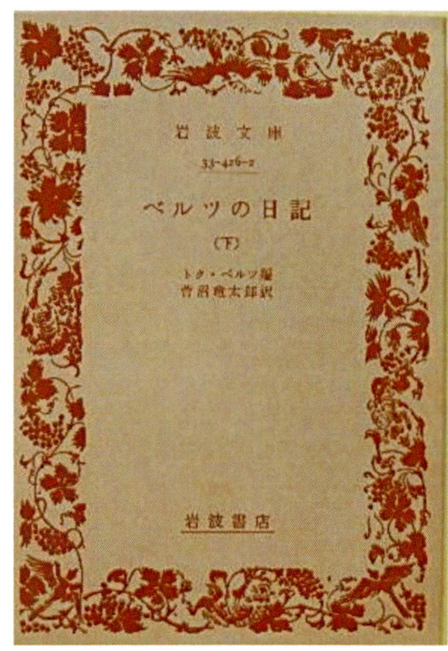

トク・ベルツ編/菅沼竜太郎訳『ベルツの日記 上・下』（岩波文庫）

＜参考文献＞『ベルツの日記（上下）』、トク・ベルツ編、菅沼龍太郎訳、岩波文庫、1979（昭和54年）

◇30 カール・ヘルマン・ブッセと「山のあなた」

ドイツの新ロマン派の詩人カール・ヘルマン・ブッセ（Carl Hermann Busse, 1872－1918）は、1887年(明治20)、来日し、5年間、東京帝国大学で哲学を講じています。ドイツに帰国後、大学教授となりますが、詩集、小説、評論を発表しています。

また、若きヘルマン・ヘッセを詩人として高く評価し、世に出したことでも知られています。ブッセは、わが国では、1905年（明治38）、上田敏の訳詩集『海潮音』中の「山のあなた（Über den Bergen）」[1]の作者として有名です。若山牧水が詠った「幾山川（いくやまかわ）　こえさり行かば　寂しさの　はてなむ國ぞ　けふも旅ゆく」は、「山のあなた」を基に作ったと言われています。また、「山のあなた」は三遊亭圓歌の落語「授業中」でも使われています。（まき）

山のあなたの空遠く
「幸（さいはい）」住むと人のいふ。
噫（ああ）、われひとゝ尋（と）めゆきて、
涙さしぐみ、かへりきぬ。
山のあなたになほ遠く
「幸（さいはい）」住むと人のいふ。

＜引用文献＞(1) 神保光太郎編『ドイツ詩集』白凰社、所収

◇31 ゼールと明治学院記念館・東京都港区

明治学院記念館は、1890年（明治23）、アメリカ人宣教師H．M．ランディス（ドイツ留学・ドイツ婦人と結婚）の設計と推測されていますが、1894（明治27)6月、地震で大破し、同年、同学院に建築顧問として雇われたドイツ人建築家リヒャルト・ゼールが、2階部分を改修したと言われています。ほれぼれとする美しい建物です。

ゼールは、1888年（明治21）、エンデ・ベックマン事務所が日本の官庁集中計画を引き受けた際に来日した人です。1893年（明治26）竣工の同志社大学クラーク記念館(項42)や1895年（明治28）竣工の千葉教会（項10）を設計し、1903年（明治36）、函館旧ロシア領事館の設計を手掛けています。ゼールは、同年、事務所をラランデに託して帰国し、1922年（大正11）に亡くなっています。（晃人）

明治学院記念館　2016. 11. 13

＜参考サイト＞ⓘyamadakenkyusitu.web.fc2.com./hb/hb07.htm　2016.11.10

◇32 ゲオルク・デ・ラランデ自邸・東京都小金井市

プロイセン（ドイツ）出身のゲオルク・デ・ラランデ（Georg de Lalande, 1872-1914）は、日本各地で多数の設計をしましたが、ほとんどが焼失したり解体されたりして、現在は、神戸の風見鶏の館（項47）や、新宿から都立小金井公園に移築の自邸のみが残っています。

ラランデは日本にユーゲントシュティールをもたらした人です。この建物は、元々ドイツ留学経験を持つ先住者の平屋で、ラランデは借家のまま2、3階部分を設計し、1階部分も相当手を入れたと思われます。改修を巡って異説もありますが、両者、根拠はあるようです。いずれにしろ、ドイツ絡みの建物であることは間違いないところです。

まさにドイツの貴婦人の美しさです。ここにあるカフェで紅茶を飲みながらドイツの詩集など読むのはどうでしょう。ラランデは、1914年（大正3）8月5日、東京で死亡しています。（晃人・まき）

ゲオルク・デ・ラランデ自邸　2016.9.22

<参考文献>朝日新聞社『朝日歴史人物事典』朝日新聞社、1994
<参考サイト>ⓘtatemonoen.jp/area/west.html 2016.12.15

◇33 上智大学とダールマンおよびホフマン・千代田区

1913 年（大正 2）の上智大学の設立実行者は、イエズス会司祭のドイツ人ヨゼフ・ダールマン（Dahlmann Joseph/1861-1930）、フランス人アンリ・ブシュー、イギリス人ジェームズ・ロックリフです。

後、ロックリフと交代することになったドイツ人ヘルマン・ホフマン（Hermann Hoffmann）は、初代学長となり、24 年間学長を務めています。現在、構内にはホフマンホール、ホフマンホール・カフェがあります。また、ダールマンは、ドイツのコーブレンツ出身で、大学でサンスクリット、インド哲学を学び、1903 年（明治 36）、初来日し、1908 年（明治 41）に再来日して、東京帝国大学の教授として、ドイツ文学、インド哲学、ギリシャ語を教えています。（晃人）

上智大学四谷キャンパス 2016.11.12

＜参考文献＞日外アソシエーツ編『20 世紀日本人名事典』 2004

◇34 日本美の再発見者ブルーノ･タウト

ドイツの優れた建築家・都市設計家ブルーノ・タウト（Bruno Julius Florian Taut, 1880-1938）は、革命思想を抱いて、ソビエトに１年滞在しますが、帰国後すぐ、大学教授を罷免されるなど、ナチスの迫害が始まったため、国外に逃れ、亡命先を探しますが、1933 年（昭和 8）、日本インターナショナル建築会の招きで来日し、亡命を果たします。日本には 3 年半滞在しましたが、当時の政治状況から仕事に恵まれず、後、トルコのイスタンブールに移住し、大学教授職を得ますが、1938 年（昭和 13）、逝去しています。

ドイツの東プロイセンのケーニヒベルグで誕生したタウトは、早くから「鉄のモニュメント」（1910）、「ガラスの家」（1914）等で名を馳せ、1924 年（大正 13）から手掛けたジードルンク（住宅団地）は、現在、ベルリンのモダニズム集合住宅群として世界遺産の指定を受けています。日本では、タウトが建築に関わる機会はほとんどなかったのですが、熱海の日向利兵衛別邸にインテリアデザインが残っています。ただ、2 年ほど住んだ群馬県高崎市を拠点に、様々な素材を用いた工芸品の制作をし、また、建築芸術論を深めています。特に、タウトは、桂離宮の建築的価値をパルテノン神殿級だと高く評価し、世界に発信した最初の外国人です。著書に、篠田英雄訳『日本美の発見　建築学的考察』（岩波書店・1939）、篠田英雄訳『建築芸術論』（岩波書店・1948）、吉田鉄郎・篠田英雄訳『日本の家屋と生活』（雄鶏社・1949）等があり、1981 年（昭和 56）には、生誕 100 年を記念して『ブルーノ・タウト　画帖　桂離宮』（岩波書店）が発行されています。
晃人所蔵の書（写真）は限定出版 800 部の 298 番目です。（晃人）

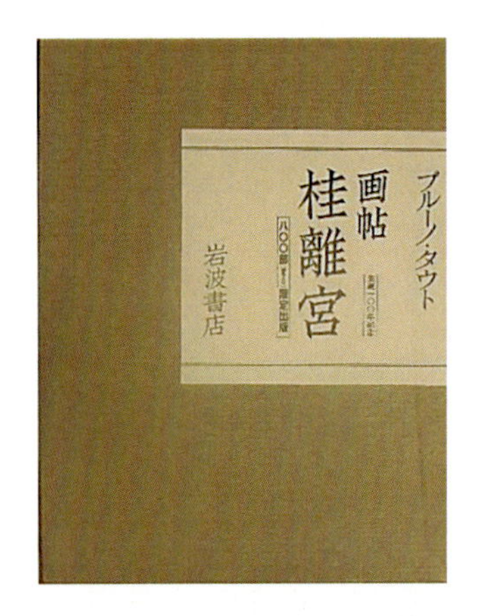

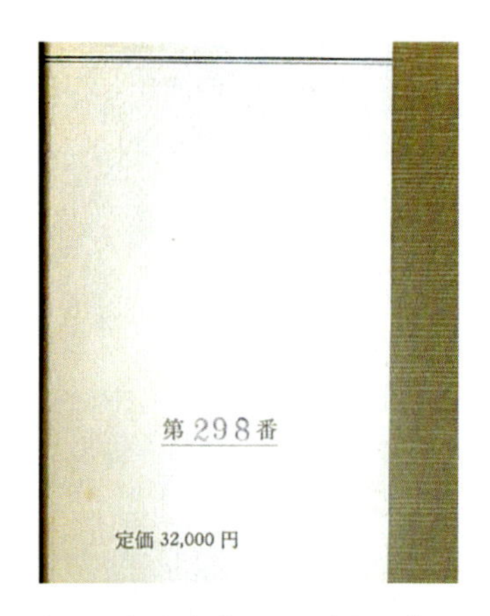

『ブルーノ・タウト 画帖桂離宮』(298/800)岩波書店. 1981/晃人蔵

タウトのスケッチ（同書中）

◇35 東京ゲーテ記念館（私立図書館）・東京都北区

私立図書館ですが、ゲーテに関する内外の資料収集に関しては世界屈指と言われています。実業家・粉川忠氏が収集したものが中心となっています。当館は、現在は財団法人東京ゲーテ記念館によって運営されています。展示は前期 4～6 月、後期 8～12 月の 2 期に分かれていますが、後期は、毎年、基本的にはゲーテの生誕日 8 月 28 日に開館することになっています。（まき）

○ゲーテ記念館

＜展示会＞4～6 月、8～12 月　火～土曜　午前 11 時～午後 5 時
休館日：日・月・祭日および展示準備期間　入場無料
＜資料閲覧＞電話か電子メールにて必要な文献を予め予約。無料。
＜ゲーテに関する質問＞随時受け付けています。
＜住所＞〒114 - 0024 東京都北区西原 2-30－1 TEL03-3918-0828
http://goethe.jp/
東京メトロ南北線「西ヶ原駅」下車徒歩 5 分
都電荒川線「滝野川一丁目停留所」下車徒歩 7 分

ゲーテ記念館 2016.11.11

◇36 日本サッカーの父：デットマール・クラマー・文京区

サッカー殿堂の説明文によると、デットマール・クラマー（Dettmar Cramer, 1925 - 2015）は、サッカー日本代表の基礎作り、日本サッカーリーグの創設に尽力した「日本サッカーの父」です。クラマーは「日本サッカー殿堂」（東京都文京区本郷 3-10-15 JFA ハウス内）に最初に「殿堂入り」した一人です。クラマーはドイツ・ドルトムント出身のサッカー選手でしたが、引退後は、秀逸なサッカー指導者となりました。1960 年（昭和 35）、日本サッカー協会初の外国人コーチとして来日し、1964 年（昭和 39）、東京オリンピックで日本をベスト 8 に導き、メキシコオリンピックでは、アドバイザーとして、日本の銅メダル獲得に貢献しています。（晃人・まき）

日本サッカーミュージアム：ＪＦＡのある建物　2016. 9. 21

◇37 旧多摩聖蹟記念館・東京都多摩市

旧多摩聖蹟記念館は、明治天皇の御幸を記念して、土佐藩出身の元宮内大臣・田中光顕（伯爵）らを中心に、1930年（昭和5）11月、建てられた、両袖の付いた円形という極めてユニークな建物です。現在、多摩市有形文化財、東京都景観上重要な歴史的建造物となっています。

設計したのは、関根要太郎（1889‐1959）と蔵田周忠（ちかただ）（1895‐1966）ですが、オーストリアのウィーン分離派及びドイツのユーゲントシュティールの強い影響が見られます。なお、建築界において広範に活躍した、蔵田（旧姓浜岡）は、萩出身で、1913年（大正2）、工手学校（現・工学院大学）を卒業し、翌年、三橋四郎の事務所に入りますが、三橋が没した後は、曽禰中條建築事務所に入り、1920年（大正9）、早稲田大学の選科に入学しています。翌年、分離派の堀口捨己（ほりぐちすてみ）を知り、同派に属し、1922年（大正11）、関根要太郎の事務所に所属しました。1927年（昭和2）から16年ほど東京高等工芸学校（後の千葉大学工芸学部）の講師として勤務し、その間、1930年（昭和5）にはドイツに渡り、バウハウスの作品に接しています。武蔵高等工科学校（後の武蔵工業大学‐現・東京都市大学）教授職を務めました。著書も数多く残しています。

館内には、田中が収集した坂本竜馬の肖像や幕末明治に活躍した人物の書画と、多摩の植物写真が展示されています。ちなみに、茨城県大洗町には、田中が設立し、西郷隆盛、吉田松陰、徳川慶喜、藤田東湖らの書画を収蔵、展示している「幕末と明治の博物館」があります。

大洗の博物館では、先年、豊田芙雄の展覧会が催され、晃人も展覧会カタログに執筆しました。（晃人）

○旧多摩聖蹟記念館
・東京都多摩市連光寺５-１-１
・開館時間 10:00−16:00/入館料 無料
・アクセス 京王線「聖蹟桜が丘」または京王相模原線・小田急多摩線「永山駅」下車/京王バス 06・07 系統 「記念館前」下車、徒歩５分
・有料でギャラリー利用が可能
・休館日 月・水（祭日の場合翌日）、年末年始

旧多摩聖蹟記念館 2016.11.12

旧多摩聖蹟記念館部分 2016. 11. 12

旧多摩聖蹟記念館部分 2016. 11. 12

◇38 旧横浜正金銀行と横浜赤レンガ倉庫・横浜市

旧横浜正金銀行（国の重文・現・県立歴史博物館/修復中）は、1904年（明治37年）竣工のドイツ・ネオバロック様式の建物です。設計は工学博士妻木頼黄です。妻木は、工部大学校を退学し、アメリカで建築を学び、後、官庁集中計画に伴い、ドイツに留学しています。最寄駅は、みなとみらい21線の「馬車道駅」（歩1分）、地下鉄ブルーライン「関内駅」（歩5分）、JR根岸線「桜木町駅」（歩8分）です。

近くに、1911年（明治44）、妻木を筆頭とする大蔵省臨時建築部設計の横浜赤レンガ倉庫（横浜新港埠頭保税倉庫・竹中工務店修復）があります。横浜赤レンガ倉庫では、秋、ドイツ連邦共和国大使館、ドイツ観光局、バイエルン州駐日代表部、横浜市文化観光局後援の「横浜オクトーバーフェスト」があります。また、冬、大掛かりなイルミネーションの下クリスマスマーケットが催されます。（晃人）

旧横浜正金銀行（現・県立歴史博物館） 2016. 9. 19

横浜赤レンガ倉庫２号館（台風接近でレンズにも雨滴が・・・）

横浜赤レンガ倉庫１号館 2016.9.19

<参考文献>朝日新聞社『朝日歴史人物事典』朝日新聞社、1994

◇39 ドイツ軍艦の爆発と犠牲者墓地・横浜市

1942 年（昭和 17）11 月 30 日、横浜港新港埠頭内でドイツ艦船高速タンカー「ウッカーマルク号」の爆発事故が発生し、多数の犠牲者を出しました。爆発の原因他詳細は不明ですが、この事故で、ドイツ海軍将兵ら 61 人、中国人労働者 36 人、日本人労働者と住民 5 人の計 102 名の犠牲者が出ています。将校は山手外国人墓地（公開：2-12 月の毎土・日・祭日。雨天閉園）に、一般兵士は根岸外国人墓地（山手駅下車）に葬られています。根岸の墓地では、毎年 11 月、隣の仲尾台中学校、立野小学校の生徒、児童の協力で慰霊祭が行われています。事故の真相は、神奈川新聞社の取材や、石川美邦氏の『横浜港ドイツ軍艦燃ゆ 惨劇から友情へ 50 年目の真実』（木馬書館/1995 年）等で明らかにされつつあります。（晃人）

ドイツ海軍兵士犠牲者の慰霊碑（根岸外国人墓地） 2016.9.19

◇40 黒姫童話館とミヒャエル・エンデ・長野県信濃町

長野県信濃町の黒姫童話館では、世界の童話、絵本、長野の民話等を収集しています。松谷みよ子、ドイツの作家・ミヒャエル・エンデ（Michael Ende 1929-1995）のコーナーもあり、近くにいわさきちひろ関係の黒姫山荘があります。エンデの資料は2000点の内、約300点が展示されています。展示物には、カメのコレクション、エンデが描いた『モモ』の挿絵原画、各種の遺愛品等があります。1989年（平成元）、エンデは『はてしない物語』の訳者・佐藤真理子氏と結婚しています。なお、項79で触れる父エトガー・エンデはドイツのシュールレアリズムの画家です。（晃人・まき）

左・ミヒャエル・エンデ著/大島かおり訳『エンデ全集 3 モモ』岩波書店、1996
右・ミヒャエル・エンデ著/上田真而子・佐藤真理子・池田香代子訳『エンデ全集 4 はてしない物語 上』岩波書店、1997/まき蔵

○黒姫童話館・童話の森ギャラリー

・〒389 - 1303　長野県上水内郡信濃町黒姫高原 3807／026-255-2250
・http://www.avis.ne.jp /メール　dowakan@avis.ne.jp
・9：00～17：00（最終入館は 16：30）
・定休日　5・6・9・10 月末日（日曜、祝祭日の場合翌日休）
・閉館日　12 月 1 日～翌 4 月 4 日、童話の森ギャラリーは展示替え休館あり
・料金　「黒姫童話館」：一般 600 円、小中学生 400 円、幼児は無料
　「童話の森ギャラリー」：一般 300 円、小中学生 500 円、幼児無料
　「両館共通」：一般 800 円、小中学生 500 円
・カフェ、ミュージアムショップあり。
・信濃町 IC より車 15 分　駐車場：普通車 60 台
　※これらの情報は変わる可能性があります。訪問される前に再度ご確認されるようお願いいたします。

雨の黒姫童話館　2016.9.20

黒姫童話館：草原の方から

霧に包まれた黒姫童話館前草原と山々

◇41 レルヒ少佐と日本のスキーの始まり・上越市

オーストリア、ハンガリー帝国軍のレルヒ少佐（Theodor Edler von Lerch, 1869.8.31-1945.12.24）は、最終階級は陸軍少将ですが、1910年（明治43）11月30日、少佐の時、交換将校として来日しています。レルヒ少佐は、日本で初めてスキーを教えた人として知られています。

1911年（明治44）1月12日、新潟県高田（現・上越市）の金谷山で軍人たちにスキーで滑走するのを見せ、次いで、軍人や一般人に指導をすることになります。レルヒが教えたスキーは1本のストックを使うものでした。ちなみに、国立国会図書館が所蔵する1911年（明治44）9月発行の『岩越紀行』（小林精華堂）は、文・広本賢斎、写真・レルヒ少佐の共著です。（晃人・まき）

日本のスキーは上越から始まった

上越市高田・金谷山は日本のスキー発祥地です。1911年に高田に訪れたオーストリアの軍人、レルヒ少佐が「mettez les skis!(スキーを履きなさい)」のかけ声とともにスキーを広めたが始まりです。当時のスキースタイルは今とは異なり、ストックが一本の杖でした。

レルヒ少佐はスキーの教師として派遣されたのではありませんが、1902年(明治35年)に大勢の犠牲者が出た八甲田山での行軍の教訓もあり、陸軍第13師団長の長岡外史はレルヒ少佐がスキーの名手であることを知ると、少佐にスキーの指導を働きかけたそうです。

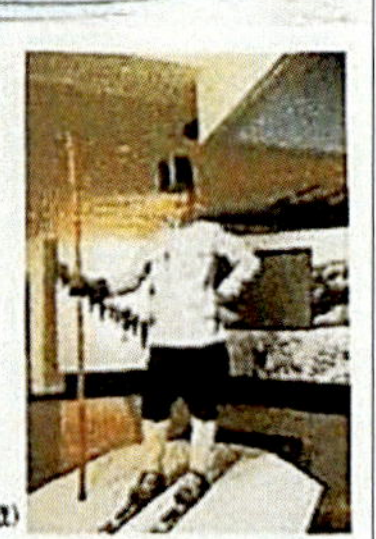

レルヒ少佐像
(日本スキー発祥記念館 蔵)

「県民だより 上越地域版 平成22年（冬）」（新潟県広報広聴課）2010.01.10
（電子版（部分）：国立国会図書館蔵）

◇42 ゲーテ・インスティトゥート・ヴィラ鴨川・京都市

ゲーテ・インスティトゥート・ヴィラ鴨川（旧称・京都ドイツ文化センター）は、京都におけるドイツ語普及と国際文化交流を目的とする施設です。鴨川沿いの道路に面していて、京都の町中でも、落ち着いた静かな場所にあります。

ここでは、ドイツ人アーティストを招いたイベントが催されたり、ドイツ関係の図書をそろえた図書室があったり、ドイツ料理が味わえるカフェがあったりしますから、ドイツに関心のある人々にとっては、ぜひとも訪れてみたいスポットの一つです。

ここにあるカフェは、『カフェ・ミュラー（Café Müller）』ですが、本場のドイツ料理、飲み物、ケーキ等が楽しめます。空腹でなければ、コーヒーとケーキを頼んで、日本庭園を眺めながら、ゆっくりと時を過ごすのもいいと思います。一見敷居が高そうですが一人でも訪れやすいお店です。（まき）

○ゲーテ・インスティトゥート・ヴィラ鴨川

・左京区吉田河原町 19-3/神宮丸太町駅から 523m/京都バス 17 荒神橋 2 分
・Tel.075-761-2188 Fax 075-752-9133

＜図書室　開館時間＞

・火 - 土　12:00-17:30
・日・月・祝日は休館
・夏季休館(2016 年の場合 7 月 31 日～8 月 29 日)

＜カフェ・ミュラー＞

・075-752-4131
・火 - 日　11:00～21:00(L.O.20:00)
・月曜定休
・完全禁煙

ゲーテ・インスティトゥート・ヴィラ鴨川 2016.8.9

カフェ・ミュラー 2016.8.9

コーヒー＆ケーキ

◇43 ゼールと同志社大学クラーク記念館・京都市

京都の同志社大学今出川（いまでがわ）キャンパスは、洋風建築が豊富で、まるで欧米の古い大学のようです。1894 年（明治 27）1 月 30 日開館したクラーク記念館（国重文）は、ドイツ人建築家リヒャルト・ゼールの設計です。これは、27 歳で夭折した子息の記念堂として、米国のＢ．Ｗ．クラーク夫妻の寄付で建てられたものです。デューイが言うように、建物の鑑賞は、光や、天候や、季節や、見る角度や、建物に出入りすることで変る多様な表情を味わうことになります。もちろん、建物の由来を知ることも重要です。（晃人）

○クラーク記念館（クラーク・チャーチ）

- 〒602-8580　京都市上京区今出川通り烏丸東入　今出川キャンパス
- 地下鉄「今出川駅」下車すぐ

クラーク記念館（クラーク・チャーチ）　2016.8.9

建物の由来を想わせるクラーク記念館入口

刻々と表情を変える「生きている」クラーク記念館 2016.8.9

◇44 大阪市立工芸学校とバウハウス・大阪市阿倍野区

大阪市立工芸学校は、1923年（大正12）、5年制の旧制中等工業学校として創立されました。翌年、現在地に移転し、同校本館（大阪市指定有形文化財）は、ドイツのヴァイマル工芸学校（後のバウハウス）をモデルに設計されました。同校では、初期からドイツのバウハウス方式を取り入れた山口正城（後・千葉大学教授）が教鞭をとっています。戦後は、1948年（昭和23）、デザインと美術中心の大阪市立工芸高等学校となりました。画家小磯良平（後・東京芸大教授、文化勲章受章者）も、一時期、本校で教えています。同校は、大阪市営地下鉄谷町線「文の里駅」北へ約300m、大阪市営地下鉄御堂筋線「昭和町駅」北へ約500mに位置しています。（晃人）

旧大阪市立工芸学校（現大阪市立工芸高校）2016.8.8

◇45 大阪のドイツ式鉄橋化と桑原政工業事務所・大阪市

日本人幼稚園保姆第一号・豊田芙雄（とよだふゆ）の実弟・桑原政（くわばらただす）（せい、まさしとも呼ばれます）もドイツと関わりのあった人物です。政は、1893年（明治26）、石炭運搬を主目的とする九州の初代・豊州鉄道（松本重太郎社長）の取締役兼顧問技師を務めることになりますが、これは旧知のお雇い外国人、ドイツ人鉄道技師ヘルマン・ルムシュッテル（項57。Hermann Rumsshöttel）が建設を指導した鉄道です。

桑原は、工部大学校（後の東京帝大工科大学）鉱山科2期生（官費生）ですが、在学中から、わが国の鉱山学、地震学を開拓したお雇い外国人、スコットランド人ジョン・ミルンの助教を務め、三池鉱山分局勤務後、母校に戻って助教授となっています。特に、工部大学校の造家科の卒業生は、この本でもしばしば登場していますが、イギリス人ジョサイア・コンドル（Josiah Conder）の指導の下、1期生に辰野金吾（東京駅設計者。唐津藩下級藩士の子。早稲田大学建築学科、工手学校創設に尽力）、佐立七次郎（さたてしちじろう）（項13）、曾禰達蔵（項37。唐津藩士の子）、片山東熊（かたやまとうくま）、2期生に渡辺譲（項49）、3期生に久留正道（項17、項70）、4期生に河合浩蔵（項24、項49）などがいます。また、応用化学科1期生の高峰譲吉、電信科1期生の志田林三郎も著名です。

1893年（明治26）、政は大阪でわが国初の建築・鉄道・鉱山・機械部門を持つ桑原政工業事務所を立ち上げています。同事務所の建築部門には、病気で文部省技師を辞めた山口半六（大学南校－フランス留学－文部省）がおり、その下に設楽貞雄（しだらさだお）（工手学校＝現・工学院大学造家科１期生。後、初代・通天閣設計）がいました。

1896年（明治29）４月、桑原は、明治炭坑株式会社（本社は大阪ですが九州の炭鉱の経営をしています）の社長となりますが、重役には地方財閥を築いた安川敬一郎（安川電機、黒崎窯業＝現・黒崎播磨、九州鉄道＝現・ＪＲ九州、敷島紡績＝現・シキボウ、明治専門学校－現・九州工業大学等の設立者。男爵）、麻生太吉（麻生太郎の曽祖父）等がおり、監査役に近代産業界の巨魁・松本重太郎等がいます。

また、桑原は、1907年（明治40）３月、大阪高等工業学校校長（現・大阪大学工学部）安永義章博士他４名と「発動機製造（株）」を設立しますが、これは後にダイハツ（名称は大阪の大と発動機の発の組合せです）となります。また、桑原政は、京阪電気鉄道＝略称京阪（相談役・渋沢栄一）の創業にも関与し、取締役専務を務めています。

桑原とドイツとのより興味深い関係は、遡って、大阪の五橋鉄橋化の際に見られます。大阪は、江戸時代、八百八橋と言われたくらい橋の多い都市で、洪水の度に木橋は流失しました。特に、1885年（明治18）の大洪水では、堤防が決壊し、天満橋、天神橋、難波橋の浪花三大橋をはじめ数多くの橋が流され、交通不能状態に陥っています。そのため、主要五橋の鉄橋化が起案され、藤田組は天満橋、天神橋、木津川橋の三橋を請け負いますが、設計できる者がなく、桑原政に設計が任されています（藤田組は五橋全部に関わったという説もあります）。

もちろん、政は仲間の応援を得て仕事を進めたと思いますが、1885年（明治18）9月3日、資材購入と鉱山視察を兼ねて、2年半の欧米出張に出かけます。1887年（明治20）、九州鉄道建設のため来日するルムシュッテルは、来日前にドイツで二重橋や大阪の三橋の鋳造監督をしていますので、桑原政とルムシュッテルの面識もそれ以前に生まれていたものと考えます。

桑原は、一時期、政界（衆議院議員当選3回）に進出しますが、大半は実業界で活躍し、わが国近代産業発展に大きく寄与しています。

ところで、芙雄（ふゆ）は、1886年（明治19）10月、イタリア全権公使・徳川（とくがわ）篤敬（あつよし）一家に随って渡欧し、ローマに滞在していますが、政が帰朝するのは翌年の1887年（明治20）3月ですから、姉と弟が欧州で会った可能性は高いのですがそうした記録を見たことはありません。（晃人）

主要部分にドイツの資材が使われた旧天満橋※

＜引用写真＞http://www.osaka2shin.jp/archives/1047897552.html 2016.12.20

＜参考文献＞前村晃『豊田芙雄と同時代の保育者たち』三恵社、2015

◇46 ドイツ人捕虜とバウムクーヘン・神戸市

バウムクーヘンは、ドイツではそれほどポピュラーではないそうですが、日本でドイツのお菓子といったら、やっぱり代表は「バウムクーヘン」でしょう。日本で最初のバウムクーヘンは、1919 年（大正 8）3 月 4 日、広島県物産陳列館（現・原爆ドーム）で催された捕虜製作品展覧会で焼かれ、販売されています。製造販売したのは、広島の似島(にのしま)にあった収容所のドイツ人捕虜で菓子職人だったカール・ユーハイムです。ユーハイムは、1920 年（大正 9）、解放後、家族を青島(チンタオ)から呼び寄せ、妻エリーゼと共に東京の明治屋に勤務し、1922 年（大正 11）、横浜で菓子店を開きます。しかし、1923 年（大正 12）、関東大震災で店を失って、神戸に移って再開しています。これが現在のユーハイムとなったのです。ちなみに、3 月 4 日はバウムクーヘンの日です。

ユーハイム夫妻は、ドイツ人らしい働き者で研究熱心でしたから、製品は日本人に好評で、経営は順調でした。しかし、戦禍のため、再び全てを失い、終戦前日にカールは死に、エリーゼは本国に強制送還となります。その後、エリーゼは、再来日して、神戸で事業を再開しました。現在、「ユーハイム」は全国展開をする大きな企業に育っています。日本では、バウムクーヘンの形状から「年輪を重ねる縁起物」として、珍重され、結婚式の引き出物等に使われることも多いようです。（晃人・まき）

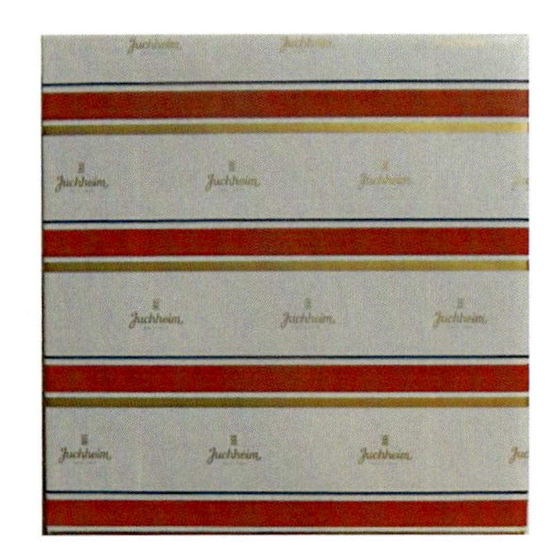

ユーハイムの包装紙とバウムクーヘン　1916.6.15

ランチで食べたユーハイム本店の神戸牛ハンバーグ　2016.11.27

○ユーハイム本店
・神戸市中央区元町通1−4−13（大丸側からアーケード入ってすぐ左手）
・（地）旧居留地・大丸前駅　B1から歩1分/TEL:078−333-6868
・ショップ1F 10:00-20:00/・ティーサロン2F　10:00-20:00(L.O.19:30)/
・レストランB1 平日11:00-15:30(L.O.14:30) 土日祝11:00-18:00(L.O.1700)
＜ホームページ＞ⓘjuchheim.co.jp　2016.11.16 AM.7:30現在

◇47 ドイツ人捕虜と甲子園のホットドック・西宮市

日本で最初のホットドックの販売は、1934年（昭和9）11月、ベーブ・ルースらが来日し、甲子園で日米野球が行われた時だそうです。製造販売者は、ドイツ人元捕虜ヘルマン・ウォルシュケです。ヘルマンは、青島（チンタオ）で日本軍の捕虜となり、大阪から広島県似島（にのしま）の収容所に移され、解放後、ユーハイム同様、明治屋に勤務しますが、関東大震災で被災し、神戸に移り住んでいます。甲子園球場で、70年ぶりに復活した「ヘルマンドッグ」は同名の次男ヘルマン・ウォルシュケによる製造です。内外野の売店「ファイア」で買えます。外野店（1F）は外野入口18を入ってすぐ右手です。ウォルシュケの会社は「日本ハム」のルーツの一つです。なお、初代ウォルシュケの墓は東京都狛江市泉龍寺にあるそうです。（晃人）

○ライブレストラン ファイア（内野店・外野店）

・阪神甲子園球場（阪神電鉄本線「甲子園駅」すぐ）/外野席入口18直進右手
・0798-47-1041（1日250食限定）500円/定休日および営業時間 不定

ヘルマンドッグ包装紙

阪神甲子園球場　2016.8.8

＜参考サイト＞www.cf.city.hirosima.jp/rinkai/heiwa/heiwa008/german%20prisoners%20camp.html

◇48 神戸異人館「風見鶏の館」・神戸市中央区

神戸市北野町３丁目の「風見鶏の館」（国の重要文化財）は、神戸の異人館の中でも、観光客に最も人気の高い建物です。

この建物は、1904 年（明治 37）、ドイツ人貿易商ゴットフリート・トーマス（Gottfried Thomas, 1871-1950）の住宅として建てられましたが、設計はドイツ人建築家ゲオルク・デ・ラランデです。全体にネオ・バロック様式ですが、内部の至る所にユーゲントシュティールを取り入れています。

1995 年（平成 7）、阪神大震災でほとんど壊滅状態となりましたが、元の建材 70%以上を用いて修復したことで、重要文化財の指定が取り消されることはありませんでした。晃人はここに長く居たくて風見鶏の館の前のレストランで食事をしました。（晃人）

風見鶏の館 2016.8.6

<参考文献>朝日新聞社『朝日歴史人物事典』朝日新聞社、1994

◇49 ドイツ派・河合浩蔵と神戸における建築・神戸市

河合浩蔵（1856-1934, 安政 3-昭和 9）は、項 24 で触れた、旧司法省の実施設計に関わった建築家です。河合は、最初、工部大学校造家科（第 4 期生）に入学し、英国人ジョサイア・コンドルに建築を学んでいます。1882 年（明治 15）、卒業して、工部省に入りますが、官庁集中計画が浮上して、妻木頼黄（つまきよりなか）（旧横浜正金銀行等設計、項 38）、渡辺譲（工部大学校造家科 2 期生、初代帝国ホテル等設計）らと共にドイツ留学に出かけます。帰国後は、司法省技師となりますが、神戸地方裁判所設計の委嘱を受けたのを機に、1897 年（明治 30）、退官し、住居を神戸に移し、1905 年（明治 38）、河合建築事務所を開き、関西建築界の重鎮となりました。

河合の作品は、現存するものとしては、神戸には、神戸地方裁判所（壁面部分）、海岸ビル（旧三井物産支店/大正 7/神戸市景観形成重要建築）、名前もレトロな海岸ビルヂング（旧兼松商店＋貸事務所 - 旧日豪館/明治 44/国の登録有形文化財）、神戸市水の科学博物館（大正 6/奥平野浄水場旧急速濾過場上屋/国の登録有形文化財）、旧小寺家厩舎（明治 44/国の重要文化財）があり、大阪に、造幣博物館（旧火力発電所）があります。

神戸の相楽園（そうらくえん）は、元々は、元神戸市長小寺兼吉の先代小寺泰次郎の豪壮な屋敷跡ですが、1941 年（昭和 16）、神戸市に譲渡され、公開されるようになりました。しかし、ここも戦禍で、大きな屋敷門や長い塀および日本庭園を残して大半は焼失しました。園内で見られる旧小寺家厩舎は、重厚なドイツ民家風の建物です。

奥平野浄水場旧急速濾過場施設は、ドイツ・ルネサンス様式の端正で清潔感のある建物ですが、現在は水に関する博物館として、豊富な資料の展示をし、様々なイベントを催しています。

西洋風の海岸ビルヂング、海岸ビルは、南京町から、それぞれ南西方向、南東方向徒歩数分の所にあります。（晃人）

○「相楽園」

- 住所　神戸市中央区中山手通5-3-1　（☎078-351-5155）
- 開園時間　午前9時-午後5時（入園は午後4時30分まで）
- 休園日　木曜日（祝日の場合は開園、翌9日休園）/12月29日-1月3日 つつじ遊山期間（毎年4月下旬-5月初旬）菊花展期間（10月2日-11月23日）は無休です。他のイベントで無休の時もあります。
- 料金　大人（15歳以上）300円・小人（小・中学生）150円 ※　県内在住の65歳以上の方で公的証明書があれば無料。他、種々割引制度あり。

ドイツ民家風の旧小寺家厩舎　2016.8.8

○神戸市水の科学博物館

・神戸市兵庫区楠谷町 37 - 1　TEL 078-351-4488
・開館時間 9:30-16:30（入館は 16 時まで）
・休館日 月（月が祭日の場合翌日）、年末年始
・入館料 大人 200 円 6～18 歳未満 100 円　イベント時は無料

神戸市水の科学博物館（奥平野浄水場旧急速濾過場施設） 2016. 11. 28

左・海岸ビルヂング（海岸通）/右・海岸ビル（同） 2016. 11. 28

<参考文献>田辺眞人編著『神戸人物史 モニュメントウォークのすすめ』神戸新聞総合出版センター、2010　73 頁

◇50 フロインドリーブ：神戸のドイツパン・神戸市

わが家では、パンについても無党派で、ドイツパンであろうとフランスパンであろうと日本パンであろうと、その日の気分で何でも適当に購入し、適当に食べています。また、和食派の晃人も、パンの香りが好きで、たまには、ホテルなどで洋風のスープとごく少量のパンと目玉焼きの朝食などを喜んでとることもあります。

ドイツパンも、各地に人気店、有名店がありますが、ドイツのパン屋さんを日本で一店舗選ぶとなれば、やはり神戸の「フロインドリーブ」でしょう。フロインドリーブは、以前、ＮＨＫの連続テレビ小説「風見鶏」のモデルになって、全国的な有名店になりました（ただし、ドラマと事実は異なります）。

神戸のフロインドリーブの創業者は、チューリンゲン州出身のハインリヒ・フロインドリーブ（Heinrich Freundlieb, 1884-1955）です。フロインドリーブもまた、第一次大戦時の日本陸軍の捕虜です。名古屋の収容所時代から、製パン事業に協力しており、1919年（大正8）、解放後、敷島製パン（現・ブランド名Pasco）の初代技師長となりました。フロインドリーブは、日本人女性と結婚し、1924年（大正13）、神戸でパン屋を開き、パン屋、菓子店、レストラン等10店舗の営業を展開しましたが、空襲で全てを失います。しかし、従業員の協力で、1948年（昭和23）、パン・菓子店を再開し、長男のフロインドリーブ2世の努力もあって、今日のフロインドリーブに繋がっています。

現在の「カフェ フロインドリーブ 本店」の建物（国の登録有形文化財）は、元ユニオン教会です。神戸の大震災で被災し、撤去の予定でしたが、信徒のフロインドリーブが買い取って改装し、ベーカリーとして使用しています。設計はアメリカ人ウィリアム・メレル・ヴォーリズです。ヴォーリズは子爵令嬢・一柳満喜子と結婚し、日本国籍を得、一柳米来留と名乗り、後、近江兄弟社学園の経営に当たっています。次頁の写真は、購入した同店のパンと、ドイツの縁起もの大ミミ（豚の耳状パイ）と、女性に人気の高いクッキーです。これは男子の学生たちにも大好評でした。（晃人）

○カフェ フロインドリーブ 本店

- 神戸市中央区生田町 4－6－15 078－231-6051 新幹線新神戸駅南口歩 6 分
- カフェ予約平日のみ可（混雑期は不可も）駐車場 12 台 近くパーキングあり
- 1F パン屋 10:00-19:00/2F カフェ 10:00-19:00(L.O. 18:30) 82 席/休 水曜
- モーニング 10:00-11:00 ランチ 11:30-14:00 共に平日のみ ワインあり

カフェ フロインドリーブ 本店　2016.11.27

フロインドリーブのパン

左・黒パンのプンパニッケル/右・評判の大ミミ（パイ）

大好評のクッキー

＜参考文献＞田辺眞人編著『神戸人物史 モニュメントウォークのすすめ』戸
新聞総合出版センター、2010　91 頁

◇51 お雇い外国人；ある靴職人の流浪の生涯・神戸市

お雇い外国人も思うに任せぬ人生を送った人もいたようです。ドイツ人ハイトケンペル（Georg Friedrich Hermann Heidkaemper, 1843-1900）などはその代表例でしょう。

ハイトケンペルは、1871年（明治4）5月、紀州藩に招聘され、同僚アドルフ・ルボスキー・ウァルテと一緒に軍靴の製造技術を教えますが、すぐに廃藩置県となるため、その後は、三宅利兵衛が受け継いだ「西洋沓伝習所（せいようくつでんしゅうじょ）」で指導しています。新時代の軍隊が「草鞋（わらじ）履き」ではどうにもなりませんから軍靴は必需品だったのです。ハイトケンペルには、ドイツに妻と4人の子どもがいましたが、すぐに帰国の意思をなくしたようで、紀州藩医師の娘・藤並時と結婚しています。

1875年（明治8）、三宅との契約が切れ、翌年、ハイトケンペルは、大阪の藤田組に移りますが、西南戦争で軍靴が売れに売れ、月給100円が120円になります（小学校教員月給10円以下の時代です）。調子づいたハイトケンペルは、安い日本の軍靴をドイツ軍に売ることを発案し、ドイツで交渉しますが、失敗しています。1882年（明治15）、大倉組に移り、ここでも大きな成果をあげ、創業者の大倉喜八郎から感謝状と500円の一時金を貰っています。

好待遇のおかげで、ハイトケンペルは、大きな資産を築き、来日したプロシャの皇孫が立ち寄るほどの豪邸に住み、大阪の旧川口外国人居留地の参事会メンバーに選ばれるまでになりました。しかし、ハイトケンペルは、元々山っ気があったようで、伊予のアンチモン鉱山に手を出して失敗し、全財産を失っています。その後、カナダ、ドイツ、東京、大阪、神戸を転々とし、再起を図りますがうまくいかず、1897年（明治30）、妻が死に、1900年（明治33）4月26日、本人も失意のまま56歳で亡くなります。夫妻には、三男一女があり、長男は早世、娘はドイツ領事の養女となっていますが、他の二人は不明です。芥川龍之介の杜子春（とししゅん）は、最後は家一軒と畑を貰いましたが、ドイツ人杜子春は最期まで救いがなかったのです。小野浜墓地に埋葬されたハイトケンペルには、長い間墓石すらなかったのですが、墓地移転を機に、神戸市が小さな墓を建てています。一方、元同僚のウァルテは、日本人女性と結婚し、技師を経て、築地で洋酒商を営み、裕福な暮らしをし、1897年（明治30）、逝去して青山墓地に埋葬されています。

神戸の外国人墓地の埋葬者約2700名中ドイツ人は268名だそうです。墓地内は縁者以外立ち入り禁止ですが、冬季を除き、見学申込者には月1回見学が許可（30名）されています。（晃人）

氷雨降る中、小野浜墓地から移転の墓石群一画を見る　2016. 11. 27

<参考文献>谷口利一著・のじぎく文庫編『使徒たちよ眠れ—神戸外国人墓地物語』神戸新聞出版センター 1986 131～141頁

◇52 軍人メッケル：現役時代最後の不運・東京都

前項51のハイトケンペルのような悲惨な生涯というわけではありませんが、ドイツ人お雇い外国人メッケル（Klemens Wilhelm Jacob Meckel,1842-1906）の現役軍人時代最後の不遇にも同情すべきところがあります。

プロイセンから招聘されたメッケル（当時、陸軍少佐）は、1885年（明治18）3月、陸軍大学校（児玉源太郎校長）の教官に就任しますが、これは、日本陸軍がお手本をフランスからドイツに切り替えたことを意味しています。この件もビゴーは次頁のような風刺画を描いています。もちろん、軍服の男がメッケル（ドイツ陸軍）、すり寄る女が日本陸軍、心配気に見ている男が、日本海軍と関係の深いイギリス海軍です。タイトルにはビゴーが尊敬するユゴーの詩「心変わりは女のつね…（ご存じの歌）[1]」が使われていますが、男も似たようなものかと思います。

メッケルの講義は厳しく、1期生の半数しか卒業できませんでしたが、卒業生には秋山好古（あきやまよしふる）（最終階級は陸軍大将）、東條英教（とうじょうひでのり）（最終階級は陸軍中将。東條英機（とうじょうひでき）の実父）、長岡外史（ながおかがいし）（最終階級は陸軍中将）などがおり、児玉校長をはじめ、各階級の軍人が聴講し、日本陸軍に大きな影響を与えています。

1888年（明治21）3月、メッケルは、ドイツに帰国し、1894年（明治27）、ドイツ帝国陸軍少将となり、翌年、参謀本部次長となりますが、ヴィルヘルム2世とそりが合わず、貴族への授爵が却下され、グネーゼン第8歩兵旅団長に左遷の辞令が発令されるやすぐさま依願退役届を出しています。

メッケルは、訪日前は、東洋の無名の国への派遣を強く拒否しましたが、帰国後は、日本と日本人への愛着を持ち続け、教え子たちの活躍を喜び、留学生の面倒を見ています。1906年（明治39）7月5日、ベルリンで逝去します。享年64歳でした。（晃人）

清水 勲編『続ビゴー日本素描集』岩波文庫、1992

＜引用文献＞注（1）清水　勲編、191頁
＜参考文献＞宿利重一『児玉源太郎』国際日本協会　、昭和17年
三宅雪嶺『偉人の跡』丙午出版社　明治43年

◇53 夢二郷土美術館 本館とイッテン・岡山市

抒情的な美人画を描いた竹久夢二は、最晩年に、渡米し、1年3ヶ月滞在し、続けて、渡欧し、約1年滞在しています。ベルリン滞在中は、バウハウスを離れたヨハネス・イッテンの画塾イッテン・シューレで日本画の指導を4か月ほどしています。1933年（昭和8）9月、帰国しますが、翌年の1934年（昭和9）9月1日、満49歳11ヶ月で没しています。当館は、1984年（昭和59）、開館しましたが、瀬戸内市には分館と夢二の生家があります。（晃人）

○夢二郷土美術館 本館

・〒703-8256 岡山県岡山市中区浜２丁目 1-32/Tel：(086)271-1000
・開館時間：午前9時から午後5時（入館は午後4時30分まで）
・休館日：月曜日（月曜日が祝日・振替休日の場合は翌日が休館）
・入館料：大人700円 中高大学生400円 小学生300円 団体20名以上2割引
障害者割引（障害者手帳の提示で2割引）車椅子の方は介助者1名は無料

夢二郷土美術館本館 2016.8.6

◇54 板東俘虜収容所跡・徳島県鳴門市

1997年（平成9）、晃人は、一度ここを訪問しましたが、今回改めて訪問しました。第一次世界大戦時青島で捕虜となったドイツ兵4715名は、最初、全国10数ヶ所の仮収容所に収容されましたが、後、久留米、名古屋、習志野、青野原、似島、板東の6ヶ所の施設で収容することになりました。板東俘虜収容所では、1917年（大正6）から1920（大正9）年の間、約1000名を収容しました。

板東の収容所長・松江豊寿中佐（最終階級は陸軍少将）は、会津若松の出身で敗者の悲哀を知る武士であり、捕虜を人道的、友好的に遇しています。収容所には、体育施設、農園、パン製造所、ウフィスキー製造所、印刷所等もありました。特に、捕虜の多くは民間出身の志願兵で、本来、家具職人、時計職人、楽器職人、写真家、印刷工、製本工、鍛冶屋、床屋、靴職人、仕立屋、肉屋、パン屋等で各人の技術を地域住民に伝授したりしています。

板東では、音楽活動も盛んで、昨今、年末に全国各地で演奏されているベートーベンの「第九」は、板東俘虜収容所のオーケストラが日本で初めて全曲演奏したと言われています。捕虜収容所には「ドイツがあった」のです。また、収容所では日本語や中国語の授業も行われ、帰国後、日本や中国の研究者となった者もいます。

捕虜の中には、解放後も、技術者として日本に残ったり、肉屋、酪農、パン屋、レストラン等を経営する者もありました。ドイツ館の隣に「道の駅　第九の里」がありますが、鳴門のわかめ、柚子胡椒、阿波の和三盆糖（わさんぼんとう）を使った落雁（らくがん）等と共に、ドイツ人捕虜に「パン作りを教わった人」の「弟子」が鳴門で開いた「ドイツ軒」のパンも売られています。板東の収容所跡の一画はいまドイツ村公園として遺構の一部等を保存しています。また、ドイツ館周辺には、「第九の里」以外にも「ばんどうの鐘」、捕虜が作った石造アーチ型の「ドイツ橋」、「メガネ橋」（大麻比古神社内）等があります。2006年（平成18）、この収容所を舞台にした映画『バルトの楽園』（松平健主演）が制作されています（晃人）

○鳴門市ドイツ館

- 〒779-0225 鳴門市大麻町桧字東山田 55-2 TEL：088-689-0099
- 開館時間：9:30～17:00（入館は 16:30 まで）
- 休館日：第4月曜日（祝日なら翌日）12月28日 - 12月31日

鳴門市ドイツ館 2016.8.7

田村一郎『板東俘虜収容所の全貌　所長松江豊壽のめざしたもの』
朔北社、 2010

◇55 久留米俘虜慰霊碑・福岡県久留米市

福岡県久留米市にも、1914年(大正3)10月から1920年（大正9）3月まで、第一次世界大戦時、青島で捕らえられたドイツ人捕虜の収容所がありました。

ここでも板東や似島（にのしま）と同様、捕虜たちは音楽会、作品展示会、スポーツ大会等をし、住民との交流をしています。収容所には楽団が二つあって、演奏会を150回程度、演劇上演を56回（60作品）、俘虜製作品展覧会を3回、スポーツ大会を3回催しています。板東で、わが国初の「第九」が演奏されたことは、既述しましたが、久留米でも一月遅れで演奏されています。人道的な捕虜の処遇は、先進国の仲間入りをしたい日本が、捕虜の虐待を禁止した「ハーグ条約」を遵守したことを意味しています。久留米でも、その点は同様でしたが、2代所長・真崎甚三郎（佐賀出身・後の陸軍大臣）は、1915年（大正4）11月15日、捕虜将校2名殴打事件を起こして大問題となり、所長を罷免されています。

久留米の施設は、一時、捕虜1319名という全国一の収容数を誇りましたが、全国一狭い施設でした。5年余の間に、戦傷の悪化で2名、スペイン風邪の猛威もあって病気で9名、計11名が死亡しています。仲間たちは、帰国の前に慰霊碑（野中町・正源寺池ほとり）を建てています。慰霊碑の周辺は木々が鬱蒼としていて目立ちませんが、久留米競輪場の入口（道路）を入ってすぐ右手にあります。

ところで、この慰霊碑の上部にある「✠」は、飯盛山の白虎隊の項

5でも触れた鉄十字で、石碑の上部4面に彫ってあります。下の写真は一番鮮明な左側面の鉄十字です。縦軸、横軸に注目すると「十字」が見えてきます。

捕虜の中には、解放後、「つちやたび」（日華ゴム‐月星ゴム‐現・ムーンスター）で機械技術の指導をしたハインリッヒ・ヴェーデキントや、「日本足袋」（現・アサヒコーポレーション/日本足袋タイヤ部－現・ブリヂストン）でゴム配合の技術を教えたパウル・ヒルシュベルガーがいます。また、高級ハムの「ローマイヤ」（本社：栃木県那須塩原市/現・スターゼン子会社）を創った、ロースハムの創案者・アウグスト・ローマイヤー（August Lohmeyer）も、熊本の収容所から久留米の収容所に移された捕虜です。久留米の捕虜たちも日本の近代化に大きく貢献したのです。（晃人・まき）

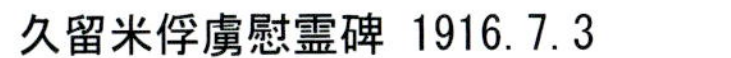
久留米俘虜慰霊碑 1916.7.3　　美術の図と地の例「鉄十字」

＜参考文献＞久留米市教育委員会『ドイツ兵捕虜と収容生活―久留米市俘虜収形所4―』（同委員会） 平成19年

◇56 旧八幡製鉄所旧本事務所・北九州市

わが国の近代化は英、仏、米等の大きな支援、援助によって進められましたが、英、仏に比べ、近代化に一歩遅れながら先進国を猛追したドイツは様々な点でわが国の良きお手本となりました。

わが国近代重工業を代表する官営八幡製鉄所設立はドイツ人の指導、援助によるものです。旧本事務所は、1899年（明治32）、竣工のフランス風建築で設計者は不明ですが山口半六とする説もあるようです。

官営八幡製鉄所遺構は、長崎の端島炭鉱（軍艦島）や三菱長崎造船所関連施設、旧グラバー住宅、佐賀の三重津海軍所跡、三池炭鉱他と明治日本の産業革命遺産（世界遺産）を構成しています。なお、軍艦島の良質の石炭は旧八幡製鉄所で使われていました。（晃人）

官営八幡製鉄所旧本事務所 2016.4.1

◇57 九州鉄道建設の恩人ヘルマン・ルムシュッテル

ドイツ人鉄道技師ヘルマン・ルムシュッテル（レリーフ写真）は、桑原政関係の項45でも触れましたが、1844年11月21日（弘化元年10月12日）、プロイセン王国トリーアの郡長の子として生まれ、長じて、プロイセン国鉄の技師となります。日本の外務大臣とドイツ公使は、九州に鉄道を建設する技師の派遣をドイツに依頼しますが、人選の結果、ルムシュッテルが選抜され、1887年（明治20）、お雇い外国人として来日しました。一般に、鉄道は、北海道はアメリカ式、本州はイギリス式だったと言われていますが、九州と四国はドイツ式となったのです。

ルムシュッテルは、機関車、客車、レール、橋梁などをドイツに発注し（一部イギリスに発注しています）、九州で技術指導に加えて、経営指導もしています。工事の主な部分は日本土木会社（大倉喜八朗・藤田伝三郎・久原房之助・渋沢栄一が設立。現・大成建設）が請け負って、1889年（明治22）、博多駅―千歳川仮停車場（筑後川北岸）間が開通し、1891年（明治24）、門司港駅―熊本駅間が開通したので1892年（明治25）、ルムシュッテルは九州鉄道を辞職しています。

その後は、駐日ドイツ公使館付技術顧問となりますが、四国の鉄道建設を指導し、東京の中心部を貫通する高架鉄道のアイディアを提案しています。

九州内には、ドイツ式だった痕跡が各地に残っていますが、九州鉄道の一大交差点で、九州最初の駅の一つ鳥栖駅のホームの上屋（うわや）には、柱と屋根を支える部分に九州鉄道開設直後のドイツのレール等が使われています。なお、やや後のイギリス製のレールも使われています。

わざわざ鳥栖駅ホーム上屋の古レールを見に来られる方がおられるかどうかわかりませんが、もし、その時おなかが空いておられたら、鳥栖駅ホームの「かしわうどん（かしわ＝鶏肉のそぼろが上に乗っています）」や駅弁「燒麥（しゃおまい）弁當（しゃおまいは中国語です）」（写真）などをお勧めします。（晃人）

JR博多駅「アミュプラザ」屋上の「つばめの杜ひろば」内
九州鉄道建設の恩人ルムシュッテルのレリーフ（作・中野五一） 2016.12.27

＜参考文献＞川上幸義『新日本鉄道史（上・下）』鉄道図書刊行会、昭和 42 年

ドイツやイギリス等のレールを使った鳥栖駅5・6番ホーム上屋 2016.12.27

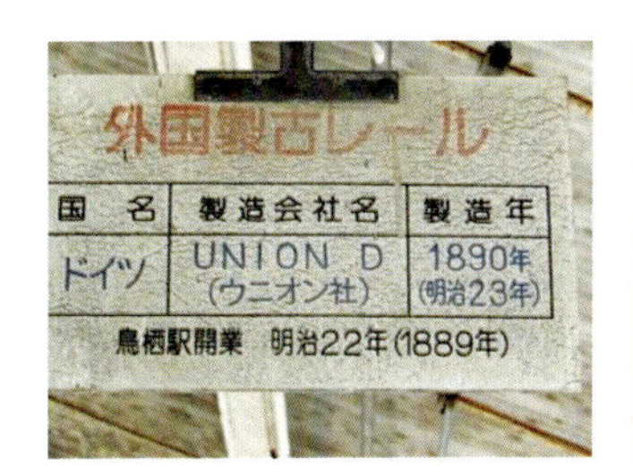

ドイツ製・イギリス製のレール使用表示 2016.12.27

左・焼麥弁當包み／右・弁當中身 2016.12.27

◇58 レトロの街を謳う門司港駅周辺の「ドイツ」・北九州市

レトロの街を謳う門司港駅（元門司駅）周辺には、古い建物が数多くあり、ドイツと関わりのある、またはドイツと関わりがあると思われる建物が幾つもあります。ここで取り上げている建物はいずれも駅から徒歩圏内にあります。

門司港駅舎（国の重要文化財）は、2016年（平成28）年末現在、修復工事中です。下の写真はネット上のフリー・サービスを使用させていただいています。この建物は、1891年（明治24）、建設されましたが、1914年（大正3）、元あった場所から200mほど移されたものだそうです。ネオ・ルネッサンス様式の木造建築で鉄道技師ヘルマン・ルムシュッテルが監修したと言われています。

門司港駅[(1)]

<引用サイト>（1）ⓘwww.qururich-kitaq.com/

旧門司税関（下の写真）の建物は、1909 年（明治 42）、門司税関が開かれたことで、1912 年（明治 45）に建てられましたが、設計は項 38 で触れた旧横浜正金銀行や横浜赤レンガ倉庫の設計者・妻木頼黄（つまきよりなか）と咲寿栄一（さくじゅえいいち）です。この建物も相当傷んでいたようですが、1994 年（平成 6）、現在の姿に復元されています。

旧門司税関表　2016. 12. 31

旧門司税関裏　2016. 12. 31

門司港と大連は、1979年（昭和54）以来の友好都市です。「国際友好記念図書館」（下の写真）は、1994年（平成6）、友好都市締結15周年記念の建物です。これは、1902年（明治35）、不凍港確保を狙っていた帝政ロシアがドイツ人技師ブカリノフスキとユンヘンデルに設計させた大連の「東清鉄道汽船事務所」の複製です。コンクリート製ですが外壁の石やレンガは大連のものです。

国際友好記念図書館 2016.12.31

アインシュタイン（Albert Einstein,1873年3月14日‐1955年4月18日）は、1922年（大正11）、来日した際に、各地で講演をしましたが、門司港では日本滞在最後の5日間を三井倶楽部（国の重要文化財）の2階で過ごしています。アインシュタインは、ドイツ生まれで、後、スイス国籍を得、さらに、アメリカ国籍を取得したドイツ系アメリカ人の天才理論物理学者ですが、相対性理論によって、ノーベル賞を受賞しています。この建物は、1921年（大正10）、福岡県直方出身の松田昌平（1889 - 1976）が設計し、竣工しています。ヨーロッパ風のハーフティンバー様式とドイツ壁が用いられています。(晃人)

三井倶楽部　2016. 12. 31

アインシュタインが宿泊した2Fの部屋とベッド 2016. 12. 31

<参考文献>羽原清雅『「門司港」発展と栄光の軌跡』書肆侃侃房、2011

◇59 小倉の森鴎外旧居・北九州市

森鴎外

小倉には、ドイツで医学と文学を学び、軍医総監、文豪となった森鴎外旧居（鍛冶町）があります。鴎外は鍛冶町に１年半住み、後、京町に転居しています。この家は京町から移転、修復、復元したものです。小説『鶏』はこの家を舞台にしています。鴎外の作品の内ドイツ絡みでは『舞姫』が有名です。また、松本清張は鴎外の日記を素材にした「或る『小倉日記』伝」で芥川賞を受賞しています。なお、鴎外の生地の島根県津和野には森鴎外の旧宅と記念館があります。（晃人・まき）

森鴎外の小倉の旧居 2016.4.1

◇60 ドイツ料理・バイエルン福岡・福岡市

「バイエルン福岡」という店名が気になって出かけました。ここは、バイエルン・ミュンヘンのオフィシャルライセンスを取得しているスポーツバー&レストランです。店内はサッカーものであふれていますが、四つの大型モニターがありますので、サッカーの実況時は盛り上がるだろうな、と思います。

昼時、ランチを食べましたが、日本人にも馴染みやすい味でした。ケーキ、パン、ハム等も売っていてテイクアウトが可能です。店内にはドイツ語が流れています。（晃人・まき）

○バイエルン福岡

- 福岡県福岡市中央区今川 2-14-3/092-791-7344
- 地下鉄「唐人駅」から徒歩 15 分/西鉄バス「鳥飼 3 丁目」から徒歩 2 分（博多駅から 6−1、天神から 6−1 か 20 乗車）/50 席 カウンター席あり
- 日～木 8:00～22:00(フード L.O.21:00/ドリンク L.O.21:30
- 金・土・祝前日 8:00～23:00(フード L.O.22:00/ドリンク L.O.22:30
- モーニング 8:00～11:00、ランチ 11:30～14:00、ディナー 17:30～23:00
- ベーカリー 8:00～19:00/可(JCB, AMEX, Diners)/駐車場あり

「バイエルン福岡」の外観と店内 2016. 8. 25

◇61 ハムソーセージ工房イブスキ・佐賀市

佐賀市の山あいの地、三瀬村に、オーナーが国内のドイツ料理店や、本場ドイツで製法を学んできた、こだわりのハムソーセージ店があります。「バイエルン福岡」と交流があるようで、製品販売コーナーなどはそっくりです。2016 年（平成 28）7 月時点のこの店の基本情報は次のとおりです。（晃人）

○「ハムソーセージ工房イブスキ」
・〒840 - 0302　佐賀市三瀬村藤原 3796 - 3
・0952 - 56 - 2781　・営業　AM10:00-PM4:00　・定休日　火・水

イブスキ・店内 2016. 7. 10

イブスキのドイツパン 2016.7.10

ハム・ソーセージなどの販売コーナー 2016.7.10

◇62 カフェ ブラート ヴルスト・佐賀市

「イブスキ」の隣に同店経営の「カフェ ブラート ヴルスト」があります。私たち一家が訪ねた際は、カフェで「黒ビール」と「ハムの盛り合わせ」と「サンドイッチ（パンにソーセージ、ハム、野菜をたっぷり挟んだもの）」などを食べましたが、ハムやソーセージは普段食べているものとは違って、まさに「ドイツの味」がしました。

下にデータを書きますが、両店は開店時間、閉店時間が微妙に違いますので、ご訪問の際は、事前に改めてネット等でご確認をお願いします。（まき）

○「カフェ ブラート ヴルスト」
・〒840－0302 佐賀市三瀬村藤原 3796－3／0952－56－2781
・営業 AM11:00-PM3:00／定休日 火・水
・アクセス：マイカーが適切です。

カフェの外観・左がイブスキ 2016.7.10

注文した食べ物の一部

◇63 佐賀県立美術館：ルートヴィヒ美術館蔵・ピカソ展

これは、ドイツ・ケルンのルートヴィヒ美術館（Museum Ludwig）所蔵のピカソ作品に、一部国内の作品を加えて催された佐賀県立美術館の「ピカソ展」の話題です。主催は、ピカソ展実行委員会（佐賀県立美術館・佐賀新聞社・サガテレビ）で、後援は、ドイツ連邦共和国総領事館でした。したがって、これは「佐賀にあるドイツ」ではなく、2016年（平成28）6月3日から7月17日まで、一時的に「佐賀にあったドイツ」ということになります。ちょうど、この本の作成中に、わが家から直線距離500m程の地に「ドイツがやってきた」のですから、取り上げることにした次第です。

ルートヴィヒ美術館は、近現代美術作品を所蔵していますが、ピカソの作品収集に関してはヨーロッパ随一と言われています。この展覧会では、久々に、ピカソの力強い創造的な作品と向かい合うことができました。ピカソ自身はスペイン出身です。（晃人）

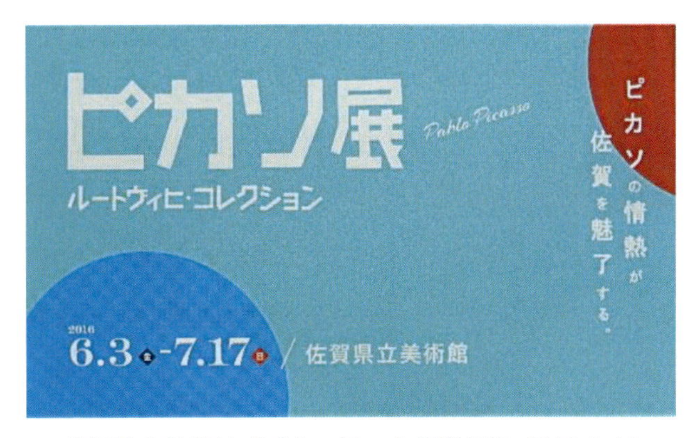

佐賀県立美術館「ピカソ展」入場券半券 2016.7.15

◇64 佐賀大学：菊楠シュライバー館・佐賀市

現在、佐賀大学構内にある「菊楠シュライバー館」は、旧制佐賀高校の外国人教員公舎です。1926年（大正15）の竣工で、現・正門北の精町（しらげまち）にありましたが、平成になって、学内に移され、2006年（平成18）、復元が完了し、佐賀大学地域学歴史文化研究センターとして使われています。ドイツ人教師専用の建物ではなかったのですが、最も長い間在籍したドイツ語教師シュライバーにちなんで「菊楠（きくなん）シュライバー館」と名付けられました。

旧制佐高は、1920年（大正9）4月17日に設置されていますが、教育の基本は、ドイツ方式でしたから、ファイヤー・ストームなどの歌も、巻頭言の後「アイン、ツヴァイ、ドライ　ザー」で始めました（私見ですが、仏語のアン、ドゥ、トロワは上品過ぎますし、英語のワン、ツー、スリーもしっくりきません）。これは新制大学の旧寮でも踏襲しました。

旧制高校は、いわば旧帝大の予科のようなものですから、旧制佐高の卒業生には、旧制五高のような池田勇人、佐藤栄作といった総理大臣はいませんが、大臣は3、4名出ていますし、有数の官僚、企業人、文化人は多数います。

ちなみに、晃人の専門の美術教育関係で言うと、画家・版画家で自由画教育の提唱者・山本鼎の子息で、北原白秋の甥の山本太郎（詩人。元法政大学教授）も旧制佐高で学んでいます。（晃人）

佐賀大学の菊楠シュライバー館（設計者不明） 2016.11.15

旧制佐高生（作・元佐賀大学教授山本民二）2016.11.15

◇65 有田ポーセリンパーク・のんのこの郷・佐賀県有田町

焼物で知られる佐賀県有田町にも、日本の中の「ドイツ」を見ることができる「有田ポーセリンパーク・のんのこの郷」があります。

園内の最大の見ものは、ドレスデンのツヴィンガー宮殿を模倣した建造物です。内部には、有田焼が展示され、催事用空間があります。ツヴィンガー宮殿のアウグスト王は欧州一の有田や中国の白磁コレクターでしたが、王の指示の下、マイセンでは欧州初の磁器作成に成功し、有田の技術を積極的に取り入れています。

パーク内には、焼物の体験工房、再現された天狗谷古窯の登窯、焼物の展示販売店、経営母体の宗政酒造有田蔵（見学は要予約）等があります。

パーク入場は無料ですが一部有料施設もあります。広大な敷地内の主役はツヴィンガー宮殿ですが、園内各所にドイツ風建物があり、ドイツの田舎を歩いている気分を味わうことができます。

また、ランチなら「山海酒房　のんのこ」の食べ放題バイキングが人気です。お土産館「蔵」では、「宗政酒造」の銘酒の試飲コーナーもあります。当パークでは、ビール祭り、コンサートなど様々なイベントが催されています。なお、有田とドイツのマイセンは姉妹都市の提携を結んでいます。（晃人・まき）

○有田ポーセリンパーク　のんのこの郷
・佐賀県西松浦郡有田町戸矢乙340－28 TEL 0955-41-0030
・週末僅かながらバス直行便もあります。マイカー、タクシーが便利です。

有田ポーセリンパーク：ツヴィンガー宮殿正面　2016.9.10

有田のツヴィンガー宮殿と濠 2016.9.10

有田のツヴィンガー宮殿と内庭 2016.9.10

パーク内の家並１ 2016.9.10

パーク内の家並２ 2016.9.10

◇66 シーボルトの湯・佐賀県嬉野市

嬉野温泉公衆浴場「シーボルトの湯」は、江戸時代、ドイツ人シーボルトが江戸へ向かう途中に立ち寄り、紀行文に記述したことにちなんでいます。この施設は、江戸時代、鍋島藩支藩の蓮池藩の湯治場で、維新後は、地元の有力者が共同経営しましたが、1922年（大正11）正月、火災で焼失し、1924年（大正13）、洋風の建物が建てられました。大正ロマンのゴシック風建築で、設計はドイツ人と言われていますが、氏名等は不明です。1996年（平成8）、老朽化のため、解体・閉鎖しましたが、人々の強い要望により、2010年（平成22）4月、復元・再開しています。すぐ近くに無料の「足湯」もあります。（晃人）

○「嬉野温泉公衆浴場・シーボルトの湯」
・開館時間：午前6時から午後10時（入場は午後9時30分まで）
・休館日：毎月第3水曜日
・泉質：ナトリウムー炭酸水素塩・塩化物泉
・効能：腰痛・神経痛・リウマチ・婦人病・美肌作用など
・料金：大浴場一般券（70歳以上300円／中学生以上400円／小学生200円
他に障碍者料金、団体料金、貸し切り湯（大人5名異種）、回数券など各種料金設定があります。※タオルは各自ご持参ください。
・無料開放日：毎年4月1日（開館記念日）
・駐車場およびアクセス
長崎自動車道嬉野ICより約5分
JR武雄温泉駅からJRバスにて約25分（バスセンターまで）
嬉野バスセンター下車、徒歩7分
・問い合わせ先
嬉野庁舎 うれしの温泉観光課 TEL：0954-42-3310 FAX：0954-42-2960
シーボルトの湯 TEL：0954-43-1426

アクセス図（同館パンフレットより）

同館入口

シーボルトの湯　2016. 8.26

◇67 シーボルト鳴滝塾跡・長崎市

シーボルトは、長崎出島のオランダ商館医ですが、ドイツ人です。長崎の鳴滝塾で高野長英、伊東玄朴、二宮敬作等を教えています。二宮はシーボルトの娘で日本人初の女医・楠本イネの養育者です。

シーボルト像

近年、塾跡の隣に、生家を再現し、記念館としています。ドイツのジャポニズムは彼の大著『日本』が原点です。シーボルト父子は幕末、明治の外交の功労者でもあります。佐世保には県立シーボルト大学があります。（晃人）

鳴滝塾跡隣の記念館 2016.4.1

<参考文献>斎藤信訳『シーボルト　江戸参府紀行』平凡社東洋文庫、2006

◇68 「荒城の月」と岡城跡・大分県竹田市

滝廉太郎は、1879年（明治12）8月、東京で誕生しますが、滝家の先祖は日出（ひじ）藩家老を務めた上級士族でした。滝は、ピアノを東京帝大の哲学、ドイツ文学の教師でかつ東京音楽学校のピアノ教師だったドイツ系ロシア人ラファエル・フォン・ケーベルに習っています。「荒城の月」は、中学校唱歌応募に際し、滝が、父と暮らしたことのある、大分県竹田の岡城まで行って作った名曲です。1901年（明治34）、滝はドイツに留学しますが、結核のため、夢半ばで帰国し、1903年（明治36）6月、24歳で亡くなっています。「花」、「箱根八里」、「お正月」（幼稚園唱歌）等も滝廉太郎が作曲しています。（晃人）

「荒城の月」が聞こえてきそうな岡城跡 2016.4.2

<参考文献>小長久子『滝廉太郎（人物叢書）』吉川弘文館、1987

◇69 ゲルマンハウス・熊本市

日本にある外国料理店の中でドイツ料理店は少数派です。地方の県庁所在地などでは2、3店舗あるかないかでしょう。写真は熊本でドイツ料理が堪能できる「ゲルマンハウス」です。熊本県庁東門隣にあります。阿蘇には同店の工房とレストランがあるようです。お立ち寄りの際は電話等で情報を再確認してください。（晃人）

○「ゲルマンハウス」
・熊本市中央区水前寺町6丁目38 - 16　☎096 - 382 - 2555
・ランチ、ディナーあり　ハム、ソーセージ等の販売コーナーあり
・年中無休（予約、営業時間等は電話でご確認ください）

ゲルマンハウスの外観 2016.4.3

◇70 五高記念館：旧制高校の教育・熊本市

旧制五高（現・熊本大学）の建物（現・五高記念館）自体は、英国のクイーン・アン様式ですが、教育の中味はドイツ方式でした。これも、英、仏に比べ、遅れて統一国家となったドイツが大きく発展していた点に学びたかったからでしょう。校舎の設計は、文部省技師・山口半六（病気退職後豊田芙雄（とよだふゆ）の弟・桑原政（くわばらただす）の工業事務所に勤務）と工部大学校3期卒の文部省技師・久留正道（くるまさみち）（桑原政の1年後輩）で現・愛殊幼稚園（項17）の設計を指導した人物です。五高では、小泉八雲（ラフカディオ・ハーン）、夏目漱石が教鞭をとったことがあり、卒業生には二人の総理大臣、池田勇人（いけだはやと）、佐藤栄作（さとうえいさく）がいます。

晃人は、現在の熊大黒髪北キャンパスの大学院教育学研究科講師として隔年で10数年間勤務したことがあります。（晃人）

五高記念館/黒髪北C内/地震で右側煙突が崩落中　2016.5.3

◇71 日本で見られるドイツの有名企業

ＢＭＷ、ＶＷなど、ドイツ車に関しては次項に書くことにしますが、ネット上で種々興味深いドイツ情報を発信している、「Julia さん」（http://ja.myecom.net/german/blog/2014/011078/）によると、ドイツの世界的企業としては、アリアンツ（保険）・ドイツ郵便（ＤＨＬ）・シーメンス（多業種）・プーマ（スポーツウエア）・アディダス（スポーツウエア）があります。

なお、これも「Julia さん」によると、アディダスとプーマは、元々は兄弟で経営する一つの会社でしたが、けんか別れをして、1948 年（昭和 23）から別々の会社として発展してきたそうです。それにしても「アディダス」や「プーマ」がドイツの企業だと知っている日本人はごく限られていると思います。わが家でも必需品のリュック（アディダス）とサンダル（プーマ）を購入してみました。（まき）

アディダスのリュック

プーマのサンダル

◇72 日本で人気のドイツの車

日本に輸入される外国製自動車の中で、ドイツ車は圧倒的な人気を誇っています。日本にも優秀な自動車企業がありますが、ドイツ車は、速度無制限のアウトバーンを走行するのを前提に作られますから、頑丈で、安全で、走行性能が高く、丁寧に作られているというので人気があるのです。ドイツの主な自動車企業としては、ＢＭＷ、フォルクスワーゲングループ、ダイムラー等があります。

さて、わが家のドイツ車の写真（下）を見てもらいましょう。実は、これ、版権を得てＦＵＪＩＭＩが作った精巧なミニカーです。アウディとＢＭＷを注文しましたが、ＢＭＷは品切れでした。ミニカーの世界でもドイツ車は大変人気が高いのです。（晃人）

アウディの車

◇73　ドイツ人に人気の日本の食べ物トップ3

これも「Juliaさん」情報ですが、ドイツ人が好きな日本の食べ物には、かなり「意外性」があります。ドイツ人がこれら食品を喜んで食べているかと思うと面白いので取り上げておきます。

外国で人気の寿司は置いといて、ドイツ人が好きな日本の食べ物トップ3は「豆腐」（第3位）、「照り焼き」（第2位）、「抹茶」（第1位）だそうです。自然食品系の「Tohu」は、豆乳や豆乳ヨーグルトと共にドイツのスーパーで普通に売っているそうです。何と言っても、ドイツ人が日本の豆腐を喜んで食べているかと思うと、自然と笑みがこぼれてしまいます。「Teriyaki」が好まれているのは、ドイツ人のソース好きと関係しているそうです。実際には、様々なバリエーションがあるようです。「Matcha」は、ストレートではなく、ドイツ人留学生などは、特に、Matcha Latteが大好物だそうです。（まき）

ドイツ人が好きな「Tohu」

◇74 ハナスベリヒユ・コモンセージ・ジャーマンカモミール

野草のスベリヒユは、食べられ、薬効があるため、日本ハーブと称されています。「ハナスベリヒユ（ポーチュラカ）」は、改良種で観賞用として栽培されています。一説には、1983年（昭和58）、ドイツから入ったとされており、1990年（平成2）、大阪の花博後、全国に広まったと言われています。一日花ですが、花期が夏から秋までと長く、栽培は容易ですから人気の高い植物です。

ドイツ人が良く使うハーブは、不老不死（？）の薬草でソーセージの語源（？）の「コモンセージ」と「ジャーマンカモミール（カミツレ）」です。ティーに使うカモミールの小さな白い花はリンゴの香りがします。両者共、わが国には、江戸時代、オランダから入っています。ハナスベリヒユ、コモンセージ、ジャーマンカモミールは、わが家のベランダでも普通に育っています。（晃人・まき）

左からハナスベリヒユ・コモンセージ・ジャーマンカモミールの幼苗

◇75 まきが選ぶドイツの小説７

ここでは、数あるドイツの文学作品の中から、特におすすめの小説（一部戯曲も含みます）を７つご紹介します。なお、選出作品については筆者の独断に基づいておりますので、予めご了承下さい。

・ノサック『死神とのインタヴュー』（Hans Erich Nossack : Interview mit dem Tode)

日本では比較的馴染みの薄い作家かと思いますが、淡々とした筆致で戦争の愚かしさ、その中で生きる人の姿が描かれています。

・エンデ『モモ』(Michael Ende: MOMO)

子ども対象の物語ですが、現代人と時間の関係をテーマに、鋭く問題提起している内容は、大人にとっても十分味わえる内容となっています。

・ヴェデキント『地霊・パンドラの箱』(Frank Wedekind: Erdgeist/Die Buechse der Pandora)

いわゆる「ファム・ファタル（運命の女）」ものの定番です。主人公が周囲を破滅させ、最後には自滅していく様は容赦がなく、読者に痛快な印象すら与えています。

・ゲーテ『ファウスト』（Johann Wolfgang von Goethe: Faust)

あまりにも有名な、ゲーテの代表作の一つです。国内外を問わず多くの作家に影響を与え、日本でも手塚治虫が数度に渡り漫画化しています。

・ヘッセ『車輪の下』(Hermann Hesse: Unterm Rad)

何のために勉強するのか。どのように生きるのが幸せなのか。現代日本でも通じるテーマが、みずみずしく描かれています。

・**クライスト『拾い子』（Heinrich von Kleist: Der Findling）**

冷徹でキレのある文章が持ち味の作家です。この作品では、得体の知れない不気味さが一気に爆発する終盤が必読です。

・**カフカ『変身』（Franz Kafka: Die Verwandlung）**

描写の一つひとつが何を意味しているのか、とことん深読みしても良いし、物語として楽しむこともできる、様々な読み方が可能なところがこの作家の魅力の一つでしょう。（まき）

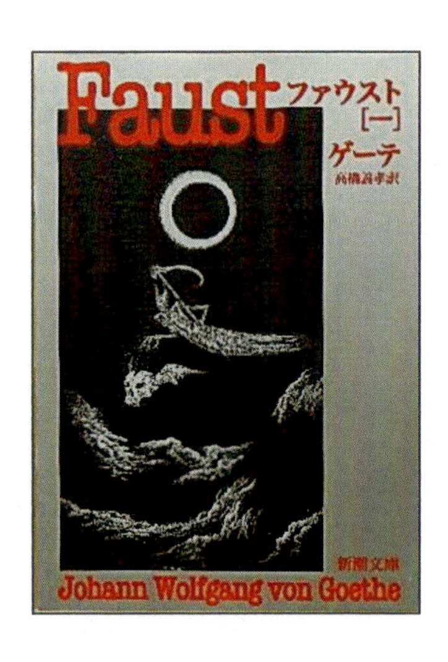

左・ヘルマン・ヘッセ 著/高橋健二 訳『車輪の下』新潮文庫、1951
右・ゲーテ著/高橋義孝 訳『ファウスト（一）』新潮文庫、昭和 42 年

◇76 まきが選ぶドイツの詩３

ドイツはしばしば「森の国」とも呼ばれます。その豊かな自然は、これまで数多くの詩人を生み出してきました。ここに取りあげる３つの詩は、特にドイツを代表するものです（これも、先にあげた文学作品と同じく、筆者の個人的な意見です）。

・**ゲーテ『魔王』(Johann Wolfgang von Goethe: Erlkoenig)**
・**アイヒェンドルフ『あこがれ』(Joseph von Eichendorff:Sehnsucht)**
・**ハイネ『ローレライ』(Heinrich Heine: Ich Weiss nicht, was soll es bedeuten)**

『魔王』、『ローレライ』は、音楽の授業教材として用いられることも多いので、極めてポピュラーなものだと思います。

『あこがれ』は、美しい自然描写と、タイトル通り憧れの気持ちを描いています。アイヒェンドルフは「ロマン派」に属すると言われる詩人・作家ですが、この詩には文字通り「ロマンティック」な要素が前面に出ています。

ここでは、山口四郎氏訳の書[(1)]から「ローレライ」を次に引用します。（まき）

ローレライ

ハイネ

なじかは知らねど、

心うら淋(さ)び、

古き世の語り伝えぞ、

つくづくと心には泌(し)む。

風寒くたそがれゆけば、

ライン河音なく流れ、

落つる陽(ひ)の残照のなか

ひときわに映(は)ゆる山の端(は)。

その山の上に不思議や

うるわしき乙女すわりぬ、

きらきらし金のかんざし、

くしけずる黄金(こがね)の髪(おぐし)。

金の櫛髪（くしかみ）をすきつつ、

かのうたう歌のひとふし、

不思議なるそのメロディーよ、

身にせまる調べの力。

小舟やる舟人（ふなびと）の胸

ひたぶるの悲しみにくれ、

ふり仰ぐその瞳には、

河なかの巌（いわお）も見えず。

あな無残、河波ついに

舟を呑む、舟人（ふなびと）を呑む、

げにもこれローレライの、

歌のなす不思議のわざや。

＜引用文献＞（1）　山口四郎訳『口誦　ドイツ詩集』鳥影社、2000/まき蔵
＜参考文献＞神保鴻太郎編『ドイツ詩集』白凰社、昭和 56 年/まき蔵

◇77 晃人が選ぶドイツの音楽

晃人は、ドイツ音楽について、詳しいことはほとんど知りません。したがいまして、以下に書くことは、まったく主観的な好みに過ぎません。晃人が選ぶドイツ音楽はバッハ等の「バロック音楽」です。晃人の最も幸せなひと時は、「バロック音楽」を聴きながら、静かにコーヒーを飲む時です。喫茶店では良く「モカ」を頼みますが、家では、インスタントコーヒーで十分です。

バロック音楽は、思索をする時も、執筆をする時も、いたずら描きをする時も、聴きながら心が乱されることがないので気に入っています。晃人にとってバロック音楽はさわやかな「風」のようなものかもしれません。現在のところは、下のディスクで聴くことが多くなっています。（晃人）

左・『The Royal Philharmonic Collection/Bach, Haydn, Vivaldi/バロック音楽≪作品集≫』（KEEP 株式会社）
右・『バロック名曲選集』（株式会社ピジョン）

◇78 晃人とまきが選ぶドイツおよびドイツ語圏の映画 5

・**U - 900**：有名な戦争物「U・ボート」のコメディ版です。

・**ブリキの太鼓**：ドイツのノーベル文学賞受賞作家ギュンター・グラスの作品を映画化したものです。シュールな表現が見られます。

・**ベルンの奇蹟**：1954 年 7 月 4 日、スイスベルンのワールドカップで西ドイツが歴史的な優勝を遂げたことを中心に据えながら、戦争でバラバラになった家族の再生をテーマとしています。

・**おじいちゃんの里帰り**：トルコからドイツに移住して、50 年を過ごした「おじいちゃん」がトルコに土地を買い、里帰りをすると言い出したことからドラマが展開していきます。

・**わが教え子ヒトラー**：ユダヤ人の監督が撮ったブラックユーモア満載の作品です。（晃人・まき）

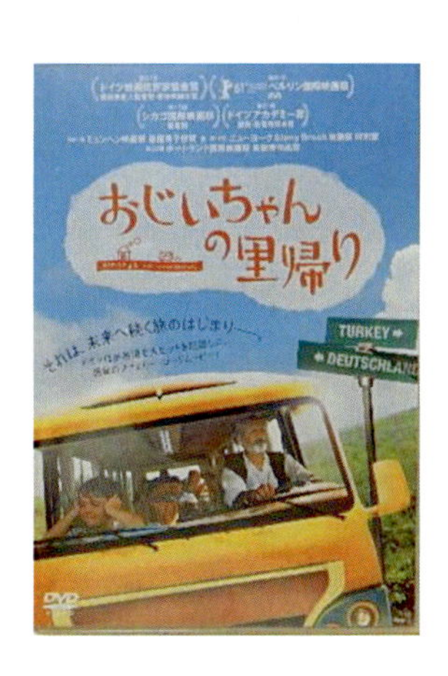

左・『U-900』監督スヴェン・ウンターヴァルト（販売アルバトロス）
右・『おじいちゃんの里帰り』監督ヤセミン・サムデレリ（販売 TC エンタテインメント）

◇79 晃人が選ぶドイツの美術家4

ドイツの美術家を4人選ぶのは難しいことですが、好きな作家、尊敬する作家というわけでなく、ここでは「気になる作家4人」を選んでみました。

・エルンスト・バルラッハ（Ernst Barlach, 1870. 1. 2-1938. 10. 24）

バルラッハは、ドイツのヴェーデル（Wedel, ハンブルグ西方）生まれで、20世紀の表現主義を代表する彫刻家、画家、劇作家です。第一次大戦の初期、熱烈に戦争を支持しますが、自ら戦争を体験後、反戦的、厭戦的になり、バルラッハの作品には、ナチスから頽廃芸術の烙印が押され、多くが没収され、解体されています。

わが国では、愛知県立美術館に作品「忘我」（1911-1912）が収蔵されています。

・マックス・エルンスト（Max Ernst, 1891. 4. 2-1976. 4. 1）

ドイツのケルン近郊ブリュールで誕生したエルンストは、超現実主義（シュールレアリズム）の代表的な画家、彫刻家の一人です。晃人も共著者の一人である、日本文教出版社の文部省、文部科学省検定済教科書『中学美術』でもエルンストの作品は取り上げられています。エルンストの絵画作品には、フロッタージュ（こすり出し）、コラージュ、デカルコマニー等の技法が使われ、エルンスト作品の不可思議さを深めています。

エルンストは、晩年には、フランスに帰化し、満85歳の誕生日の1日前にパリで亡くなっています。愛知県立美術館では、エルンストの「ポーランドの椅子」（1954）を収蔵しています。

・エトガー・カール・アルフォンス・エンデ（Edgar Karl Alfons Ende, 1901.2.23-1965.12.27）

エトガー・エンデは、『モモ』、『ネバーエンディング ストーリー』等、ファンタスティックな作品の作家ミヒャエル・エンデの父親です。エトガーは超現実主義の画家ですが作風から「ロマンチック・シュールレアリスム」と言われています。エトガーとミヒャエルには共通の資質が見られるのです。エトガーは自分の作品が他人に解釈されるのを嫌ったようですが「何とも意味ありげなエトガーの作品」が鑑賞者に解釈されるのは避けようがないでしょう。

・ヨーゼフ・ボイス（Joseph Beuys, 1921.5.12-1986.1.23）

ドイツ北西部のクレーフェルトに生まれたボイスは、社会や環境との関わりの中で活動をした、現代美術家、彫刻家、教育者、社会活動家です。「緑の党」の結成者の一人でもあります。ボイスは「熱のように造形力のあるエネルギーによって、不定形のものを秩序ある形態に変える」という彫刻理論を唱え、それを作品や行為で具体化した特異な「作家」です。

ここでは、比較的見る機会の少ないエトガー・エンデの作品を展覧会カタログ、画集の表紙から引用することにします。（晃人）

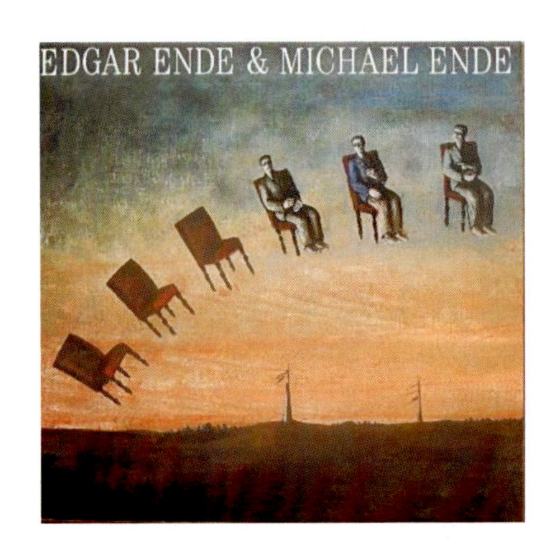

エンデ父子展のカタログ/エトガーの絵
朝日新聞社・岩波書店制作/1989/晃人蔵

イェルク・クリッヒバウム編・三島憲一訳『エトガー・エンデ画集』
岩波書店、1988/晃人蔵

◇80 ドイツと大日本帝国憲法

大日本帝国憲法（旧憲法）は、ドイツ人の指導、助言の下作成されています。旧憲法は、伊藤博文、井上毅（いのうえこわし）らが中心になって準備を進めましたが、二人はプロイセン（ドイツ）に赴き、学者らの見解を聞いた結果、当時の日本にはプロイセン（ドイツ）の憲法体制が最も適していると結論づけたのです。

井上毅は、法律顧問として招聘したロエスレル（Karl Friedrich Hermann Roesler）やモッセ(Albert Mosse)の指導、助言を得て起草作業を進め、1887 年（明治 20）5 月、草案を完成し、1889 年（明 22）2 月 11 日、大日本帝国憲法として発布したのです。

しかし、旧憲法には不備もあって、軍部が暴走し、無謀な戦争を引き起こし、数百万人の命が奪われる、という日本有史以来最大の「過ち」を導いた、と言われています。ところで、国歌「君が代」は、作曲者は林広守（はやしひろもり）ですが（実際は長男・林広季（はやしひろすえ）と奥好義（おくよしいさ））、楽隊で演奏できるように編曲したのはドイツ人フランツ・エッケルトです。「君が代」もドイツ人の助力で体裁を整えたのです。

（晃人）

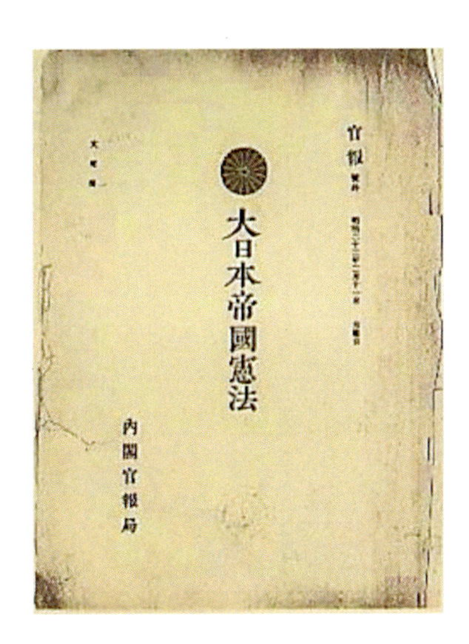

『官報　大日本帝国憲法』/ 内閣官報局 1889.02.11/国会図書館蔵

◇81 ドイツの教育と明治日本の義務教育

わが国の初期の幼稚園や旧制高等学校、旧帝国大学は、ドイツの強い影響を受けていました。義務教育においても、ドイツは、列強に追いつけ追い越せということで、国家統制型、集団一斉型の教育を早々に確立し、わが国にも強い影響を与えています。わが国でも、最初期は、自由主義的、個人主義的教育だったのですが、徐々に、国家統制型、集団一斉型の教育が普通になっていきました。

明治20年以降は、お雇い外国人ハウスクネヒトの影響もあってドイツのヘルバルト学派のツェラー（チラー又はチルレル）、ラインの五段階教育法等が盛んに紹介されています。現在の教員採用試験でもお馴染みの人々です。（晃人）

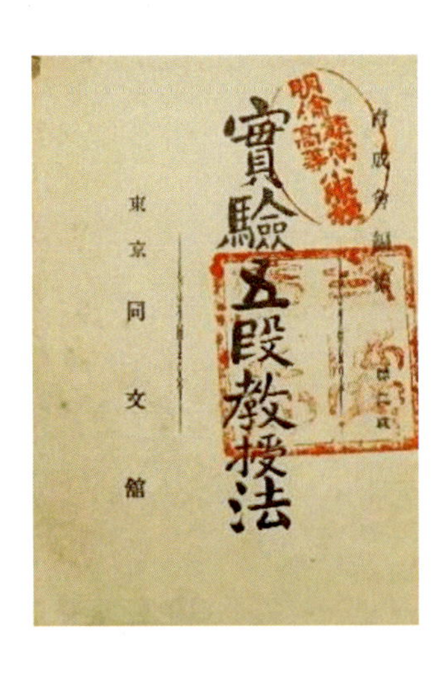

一教材を授けて其の收容を全からしめんには、其方法に於て五段の階級を經ざるべからずとはヘルバルト派の唱ふる所なり。五段の階級とは何ぞ、曰く第一段準備、第二段排列、第三段比較、第四段統括、第五段應用是なり。而して第一段即ち準備の前には目的の指示を加へんことを要す。是チルレル派の主張する所なり。

左・育成会編『実験五段教授法』 同文館、 明治31年/晃人蔵
右・同書本文 19頁

◇82 環境問題:ドイツ人と日本人

昔、テレビで、日本に住んでいるドイツ婦人が「日本人が、何でも、仕方がない、仕方がない、で片づけるのは納得できない」と語るのを聞いたことがあります。

確かに、私なども、ずいぶんと「仕方がない」を連発してきましたし、現在も「仕方がない」で済ますことが多々あります。過去には「貧乏だから私大に行けないのは仕方がない」とか、「容貌が悪いからもてないのは仕方がない」とか言っていました。現在も「車社会だから大気汚染もある程度仕方がない」とか、「少子高齢化社会だから年金が下がっても仕方がない」などと言っています。

しかし、「仕方がない」は、自己努力を放棄し、社会に対する要求もしない、ということですから、戦う前から負けているのです。周囲とギクシャクしない、ストレスを溜めない、という処世術の一つとしては役立つでしょうが、この点は自己主張をしっかりするドイツ人と日本人の大きな違いです。

ただ、環境問題、社会問題ですら「仕方がない」で済ませば、環境、社会は悪化し、衰退するばかりです。ドイツ人は、チェルノブイリ、福島の原発事故を教訓に、反原発の態度を固め、新エネルギーの開発に力を入れています。ドイツ人は挑戦するのです。

日本でも福島原発事故が発生して、一時は、多くの人々が「地震大国日本に原発は要らない」と肚を決めたかに見えました。しかし、少し時が経つと「のど元過ぎれば熱さ忘れる」という日本人の悪い癖で、

「経済のことを考えると原発容認も仕方がない」と言う人も出てくるわけです。

ところで、福島原発事故以前は、反原発を唱えるだけで「あいつは左だ」というレッテルが貼られたそうです。しかし、二人の元総理、細川氏と小泉氏が「原発即時廃止」を唱えたことで、「反原発」は、保守、革新を越えた政治テーマとなりました。実際、右翼ですら反原発を掲げる団体があるくらいです。

最近、鹿児島県や新潟県では反原発の知事が誕生しました。県民が新しい選択をしたのです。住民の安全を第一に考える政治家を支持しようというわけです。

ところで、晃人は、東日本大震災の3日後、予約していた用件があって、上京しましたが、帰りの羽田空港は、赤ん坊を抱いた若い女性で溢れていました。お母さん方は幼いわが子を放射能にさらしたくない、という思いで故郷に緊急避難したのです。あの時、風向き次第では、東京も強い放射能で汚染される怖れがあったのです。事態は急迫していましたから、若いお母さん方の行為を、誰も笑えないでしょう。あの時、政府もメディアも完全にあてにならなかったのです。

結局、私たちの暮らしを守るためには、私たちもドイツ人に倣って、「仕方がない」を減らし、言うべきことは言う、という態度を持つべきだと思います。（晃人）

◇83 ジャーマン通り商店街・東京都大田区

田園調布と並び称される高級住宅街、東京都大田区大森山王（ＪＲ京浜東北線・大森駅西側）には「ジャーマン通り商店街」という、珍しい名前の「通り」があります。ただ、行ってみて、せっかくの名前をもっと活用すればいいのにと思いました。この商店街の名称は、1925年(大正14)から1991年(平成3)まで、この町にあったドイツ学園にちなんでいます。現在、同学園は、横浜市港北区に移っていますが、幼稚園、小学校、中・高等学校を擁するドイツ連邦共和国が運営する学校です。出身者には、日本国憲法に「男女平等」の条項（24条）を取り入れたベテア・シロタ・ゴードン女史（ウィーン生まれ。ウクライナ系ユダヤ人）がいます。

「ジャーマン通り商店街」でも、毎年6月中旬には、「ビール祭り」を催し、ジュースや綿菓子、焼きそば、焼き鳥が売られ、ダンスショー等があって賑わうそうです。（晃人）

ジャーマン通り商店街 2019.9.19

◇84 江戸時代来日したドイツ人；あのシュリーマンも

○ハンス・ヴォルガング・ブラウン；江戸時代、来日したドイツ人は11、2名は記録されているようですが、最初の人は、ハンス・ヴォルガング・ブラウンだろうとされています。ブラウンはオランダ商館長の知人で、ドイツのウルム出身の鋳物師ですが、1639年（寛永16）6月、幕府に依頼されて作った臼砲の試射を行っていますので、それ以前に来日していたことになります。

○カスパル・シャムベルゲル；カスパル・シャムベルゲルは、1649年（慶安2）、来日したオランダ商館付外科医です。彼の周辺には、西洋外科学に関心を寄せる日本の若者たちも数名は見られたようです。

○エンゲルト・ケンペル；ケンペルは、1690年（元禄3）、来日したオランダ商館付医師かつ植物学者です。将軍綱吉にも拝謁しています。ケンペルの死後、イギリスに売り渡された原稿が『日本誌』として発行されています。ディドロの『百科全書』は、日本関係の記述は『日本誌』に依っていますし、シーボルトにも影響を与えていますのでドイツのジャポニスムの淵源はケンペルに遡るべきかもしれません。

○フィリップ・フランツ・シーボルトとアレクサンダー・フォン・シーボルト；シーボルトも、1823年（文政6）、来日したオランダ商館付医師かつ植物学者です。シーボルトは、日本人に広く知られた人物で、シーボルト事件を起こし、国外追放になっていますが、1854年（安政元）、日本が開国し、国外追放が解かれると、1859年（安政6）、子息のアレクサンダー・フォン・シーボルトを連れて再来日します。

アレクサンダーは、英国公使館の通訳となり、後、お雇い外国人となって明治新政府の手助けをしています。

○オットー・ゴットリーブ・モーニッケ；1848年（嘉永元）、来日したオットー・ゴットリーブ・モーニッケもオランダ商館付医師ですが、モーニッケは佐賀藩の依頼により日本に牛痘苗をもたらし、日本における牛痘法を広めるきっかけを作っています。また、モーニッケは日本に聴診器をもたらした人でもあります。鎖国下、シーボルト同様、オランダ人を装っていたと思われますがモーニッケもドイツ人です。

○フリードリヒ・アルブレヒト・ツー・オイレンブルク；1860年（万延元）、来日したフリードリヒ・アルブレヒト・ツー・オイレンブルクはプロイセン王国の外交官で、来日の翌年、幕府との日普修好通商条約締結に尽力しています。公式の日独交流の開始です。

○ハインリヒ・シュリーマン；1865年（慶応元）、後にトロイア遺跡の発見で世界的に有名になる実業家・考古学者のシュリーマンが来日し、3ヶ月ほど日本に滞在し、滞在記まで残しています。（晃人）

＜参考文献＞

・Till, Weber「ウルム出身のハンス・ヴォルガング・ブラウン」、琉球大学法文学部『言語文化研究紀要』No.13(2004/10)
・呉秀三訳『ケンプェル江戸参府紀行　上』駿南社、昭和3年
・呉秀三訳『シーボルト江戸参府紀行』駿南社、昭和3年
・小川鼎三『医学の歴史』中公新書、1964
・「オイレンブルク極東遠征附図」、文部省維新史料編纂事務局編『維新史料聚芳.坤』（巧芸社）所収、1936
・池内紀訳『古代への情熱　シュリーマン自伝』小学館、1995
・シュリーマン『シュリーマン旅行記　清国・日本』講談社学術文庫、1998

◇85 日本各地の「オクトーバーフェスト」(ビール祭り)

「オクトーバーフェスト」は、元々、ドイツバイエルン州ミュンヘンの大々的な「ビール祭り」ですが、日本でも、10数年前に上陸し、現在、全国で多数の「オクトーバーフェスト」が催されています。

バイエルン州公認の「OKTOBERFEST 2016 日本公式サイト」(ⓘ www.oktober-fest.jp,2016.9.30時点)だけでも、開催会場として、「お台場」(4.28-5.8)、「日比谷」(5.20-5.29)、「駒沢」(6.10-6.19)、「奈良」(6.17-6.26)、「東北」(7.1-7.10)、「豊洲」(開催中止)、「芝」(8.17-8.28)、「日比谷」(9.9-9.19)、「福岡・舞鶴公園」(9.16-9.25)、「お台場」(9.30-10.10)があります。ドイツ人も日本人もお祭りが好きです。(晃人・まき)

一家で行ったミュンヘンのホフブロイハウス(20年前撮影)とコースター

◇86 難破したドイツ商船員を救出した人々・沖縄県宮古島市

ドイツ文化村のサイトによりますと、1873年（明治6）夏、ドイツ商船R.J.ロベルトソン号（ヘルンツハイム船長）は、台湾近海で台風に遭遇し、マスト2本が折れ、3日3晩漂流し、宮古島宮国沖で座礁しました。これを見た遠見役人はじめ島の人々は、救出を試みますが、荒波で舟を出せないため、救出を翌日に延期し、海岸で、夜通し、かがり火を焚（た）いて、難破船の人々を励まし続けました。翌朝、宮国と佐良浜の漁師たちは、なお荒れ狂う海に小舟を出し、行方不明者2名を除き、ドイツ人6名（内女性1名）と中国人2名を救ったのです。

島の人々は、負傷者には手厚い治療を施し、船員たちに、34日間、食事を作って与えました。島の役人は、王朝の船を使用して彼らを帰国させることができないかと琉球王朝に相談しますが、何の音沙汰もないため、役人は独断で島にあった王朝の船を彼らに貸与しました（船長は日記の中で中国の難破したジャンク船を修理して云々と記述していますが島の役人に難が及ぶのを避けようとしたのかもしれません）。船荷の積み込みは、多くの島民が手伝い、最後の夜は盛大な送別会を開いたようです。船出の際は、大勢の島民が見送る中、ドイツと中国の船員たちは涙を流しながら別れを惜しんだそうです。

後に、このことを知った皇帝ヴィルヘルム1世は、軍艦チクローブ号で使節団を送って、博愛精神を称える記念碑を宮古島平良港（ひららこう）付近に建てさせ、1876年（明治9）3月22日、日本政府、琉球王朝、宮古島代表の出席の下除幕式を催しています。（晃人・まき）

◇87 うえのドイツ文化村・沖縄県宮古島市

宮古島のドイツ商船乗組員救出の話は、戦前の小学校の修身の教科書にも掲載されましたが、「うえのドイツ文化村」は、島の人々の勇気と博愛精神を称え、これを末永く記念し、国際交流の推進拠点とするために、1996年（平成8）にオープンしています。救出の詳細な紹介をはじめ、ドイツの子どものおもちゃの展示や「なりきりプリンセス」といった若い女性向きの企画などもあります。

園内のマルクスブルグ城は古城保存委員会の許可を得て原寸大に再現したものです。沖縄県名護市でサミットが開催された際には、ドイツ連邦共和国のシュレーダー首相が宮古島を訪問しています。

ドイツ商船員救出劇は、日・独・中合作の映画やアニメーションを作って、世界中の人々に見せれば、世界平和の推進に大きく役立つだろうと思います。（晃人・まき）

左・うえのドイツ文化村入場門／右・シュレーダー首相来島記念碑 2016. 12. 24

宮古島のマルクスブルグ城 2016.12.24

左・博愛パレス館ホテル／右・沖縄のオリオンビール 2016.12.23

左・ドイツ皇帝博愛記念碑（平良）/右・独逸商船遭難地碑 2016.12.24

「ホテルブリーズベイマリーナ」のベランダから　2016.12.23

宮古島の青い海の　はるか向こうに　ドイツはある…

◇88 ドイツを知るための諸機関・施設など

ここでは、ほとんどの機関・施設の入口部分のみ紹介しています。詳細情報につきましては、それぞれ必要に応じて、各公式サイト等でお調べくださるようお願いします。

・ドイツ連邦共和国大使館（東京）

ドイツ連邦共和国の日本における公式の窓口です。日独交流のため、さまざまなサービスを提供しています。

・大阪・神戸ドイツ連邦共和国総領事館（大阪）

ドイツ連邦共和国大使館と同様です。

・ 東京ドイツ文化センター(ゲーテ・インスティトゥート)（東京）

ドイツ語の普及と、国際的な文化交流活動を促進することを目的としています。ゲーテ・インスティトゥートは、東京の他、京都、大阪にあり、2016 年（平成 28）4 月には、東京ドイツ文化センター横浜校が開校しています。

・日本独文学会

ドイツ文学、オーストリア文学、ドイツ語、ドイツ語教育などに関する学術的研究が行われています。ブロックごとに支部が設けられています。

・日本ドイツ学会;Japanische Gesellschaft für Deutschstudien

1985年（昭和60）、学習院大学で第1回学術総会を開催した比較的新しい学会です。趣意は大約「ドイツ語圏という地域を、人文社会科学を総合してよく知ること」となっています。

・日本カント協会

協会という名称ですが1976年(昭和51)に設立された学会です。現在、300名弱の会員がいます。カント哲学及び関連哲学の研究の発展と国内外の研究者間の活発な交流を主要な目的としています。

・経済理論学会　Japan Society of Political Economy(JSPE)

1959年（昭和34）に設立された、マルクス経済学分野を基盤とする学会組織です。2008年（平成20）の会員数は約1000名です。なお、プロイセン王国（現・ドイツ）出身のマルクスは、1845年（弘化2）、プロイセン国籍を離脱し、主にイギリスで活動しています。

・公益財団法人 日独協会(Japanische-Deutsche Gesellschaft)

100年以上の歴史を持つ日独交流の組織です。講演会、会員の集い、日独交流会、ドイツ語講座など、さまざまな催しをしています。各県に組織があり、会費を払えば誰でも入会できます。特に必要な資格はありません。

・ドイツの館;Deutsche Hütte(香川県高松市扇町)

日独ホームステイ連合の拠点として、2009年(平成21)、開館しています。ドイツ人は、当館にホームステイしながら、地域での研修、見学ができます。2階－5階が宿泊施設です。ドイツ人ファミリーの宿泊も可能です。宿泊費は無料ですが、「ドイツ国際平和村寄付金」1000円があります。

・ドイツ人の日本語による各種情報発信サイト

ネット上には、ドイツ人の日本語による情報サービスがたくさんあります。これらはドイツ文化の理解に役立ちます。

・ Deutsche Schule Tokyo Yokohama; DSTY(横浜市)

幼稚科、初等科、中・高等科があります。日本人も入学が可能ですが、授業はドイツ語で行われますので、単なる興味、関心だけではついていくのが難しいかと思います。

・ルフトハンザ航空 (Lufthansa)

ドイツ旅行情報は、日本の旅行会社や航空会社でも提供していますが、ルフトハンザには、ドイツの航空会社ならではの情報もあるようです。

・**ドイツ観光局**

〒107‐0052　東京都港区赤坂７－５－56　ドイツ文化会館４Ｆ

http://www.visit-germany.jp/

ここでは、ドイツ旅行の案内、地図など種々提供しています。依頼をすれば資料の郵送サービスもしてくれるようです。ただし、ご確認後に依頼されることをお願いします。（まき）

おわりに

本書を書いてみて、日本各地にたくさんの「ドイツ」があるなと思いました。また、ドイツ料理店などは、中華料理店等に比べれば少数派ですが、それでも全国には多数の店舗があります。しかし、旅費や時間の制約もあって一部しか紹介できませんでした。また、ドイツ関係のテーマパークも、各地にあるのですが、これも同じ理由により取り上げることができたのは限られてしまいました。

日本でドイツとの交流を推進した「人やもの」には七つのクラスターが「あった」「ある」ように思いました。一つは日本人ドイツ留学者たちです。二つはドイツから来たお雇い外国人たちです。三つは第一次世界大戦時のドイツ人捕虜たちです。四つは相互に訪問した政治家、官僚たちです。五つは相互に訪問した科学者、芸術家、スポーツマンたちです。六つは草の根レベルで日独交流をした多数の日本人およびドイツ人たちです。七つは書物や映画などの情報メディアや、機械や調度品、食品などの「もの」です。

今回、結果的に、日独交流の過去、現在を垣間見ましたが、情報を収集するにつれ、著者たちがいかに無知であったかを反省いたしました。個人レベルの交流であっても、過去、現在の両国関係を理解しない限り、未来の有益な交流は生まれないのだ、と気付いたのです。

最後になりますが、読者の皆様には、この小著にお目をお通しくださり、ご指導、ご助言を賜りますればこの上なく幸いに存じます。

真江村晃人・真江村まき

<著者紹介>

真江村晃人

・美術教育研究者/幼児教育史研究者
・西九州大学教授/佐賀大学名誉教授
・佐賀大学教育学部特別教科課程（特美）卒業/東京学芸大学大学院修士課程修了/早稲田大学第一文学部哲学科教育学専修卒業/九州芸術工科大学（現・九州大学）大学院博士後期課程中退
・日本教育研究連合会表彰/日本保育学会保育学文献賞
・本名：前村 晃

真江村まき

・ドイツ文学研究者/ドイツ語教師
・博士（文学/広島大学）
・広島修道大学ドイツ語非常勤講師
・広島大学文学部独語独文学科卒業/広島大学大学院博士後期課程修了
・クライストおよびドイツ・ロマン派に関する研究
・本名：前村晃子

日本の中のドイツを訪ねて

2017年2月25日　初版発行

著者　真江村　晃人
　　　真江村　まき

定価(本体価格3,000円+税)

発行所　株式会社　三恵社
〒462-0056 愛知県名古屋市北区中丸町2-24-1
TEL 052 (915) 5211
FAX 052 (915) 5019
URL http://www.sankeisha.com

乱丁・落丁の場合はお取替えいたします。

ISBN978-4-86487-623-0 C0039 ¥3000E